班级管理有『道』有『术』

U0894159

主　编：黄　峥

编　委：黄　峥　林艳丽　董雪梅　牛　芳　刘　倩
陈　晨　陈　聪　宣宜蒙　刘　军　尹毕章
刘　康　刘靖冉　凌亚茹　张玉杰　马翠霞

时代出版传媒股份有限公司
安徽教育出版社

图书在版编目（CIP）数据

班级管理有“道”有“术” / 黄峥主编. —合肥：
安徽教育出版社，2022.11
ISBN 978-7-5336-9629-0

Ⅰ.①班…　Ⅱ.①黄…　Ⅲ.①班主任工作
Ⅳ.①G451.6

中国版本图书馆 CIP 数据核字（2021）第 280245 号

班级管理有“道”有“术”
BANJI GUANLI YOU “DAO” YOU “SHU”

出 版 人：费世平
责任编辑：殷振群
装帧设计：许海波
责任印制：陈善军

出版发行：安徽教育出版社
地　　址：合肥市经开区繁华大道西路 398 号　邮编：230601
网　　址：http://www.ahep.com.cn
营销电话：(0551)63683012，63683013
排　　版：安徽时代华印出版服务有限责任公司
印　　刷：合肥市宏基印刷有限公司

开　　本：710mm×1010mm　1/16
印　　张：14.5
字　　数：200 千字
版　　次：2022 年 11 月第 1 版　2022 年 11 月第 1 次印刷
定　　价：36.00 元

序一

方海东

初为人师，痴迷于阅读和模仿。见行知先生的四颗糖故事，感觉就是神来之笔，以“四两拨千斤”将剑拔弩张的现象巧妙地化于无形，不禁感慨，这就是教育的艺术。在后来的教育教学中，办公桌的抽屉里就多了许多糖果之类的小吃。东西是一样的，但是效果却不同。年轻的时候以为是糖果的原因，于是不断地给学生各种各样的奖赏，却发现学生越来越茫然。直到有天，一学生拒绝了奖赏的糖果，悄悄说，“老师，您对我的‘好’我懂了，我会努力改变自己的。”

忽然就明白了，原来能唤醒学生的并不是那几颗糖，而是糖背后的老师的关注、认同、鼓励和帮助。正是因为获知了学生的成长需要，才能真正看见成长问题中的关键。糖，只是在其中起到了手段的作用。

如果从理性的角度来说，“糖”是班级管理中的“术”，而学生成长问题背后的内心需要，则是班级管理中的“道”。解决问题，引导人的成长关键是懂得“道”，而“术”则为“道”的存在提供了一种形式。

班级管理中的“道”，是教育的规律，人的身心特征，班级构建的逻辑；班级管理中的“术”，是老师们班级管理的百花齐放的方法。在当前的班级管理中，只看见“术”，有可能就会画虎不成，如果能研究“道”，也许会发现班级管理是大道至简。

黄峥老师组织志同道合的优秀班主任们写出了一本《班级管理有“道”有“术”》，以“案例+分析+策略”的形式，将班主任们在工作中可能遇见的问题逐一探究，从自我成长、家校合作、校园生活和热点透视四个角度解读“道”和“术”的作用。

从案例来看，有集体荣誉感、青春期问题、安全感、人际交往、行为习惯等班主任日常生活中随处可见却又棘手的问题。这些问题很普遍，在班级日常生活中很常见；同时又很典型，它们是学生成长过程中的“承重点”。看过这些案例，虽然纯模仿未必能给自己教育教学推向完美，却能从中找到自己班级管理的痕迹，沿着一条正确的道路前行。

从分析来看，建立在家庭、学校、社会、学生自我和同伴等多角度的看问题方法，毫无疑问保证了“科学性”，不偏不倚是认识成长中的人的合理态度。同时，案例分析更大的价值是引导我们从问题背后看见行为的正向动机，真正学会“走进”一个人的内心。其实，知道一个人“要什么”，提供的方法“给什么”，才是深入人心的关键。

从策略来看，它不是简单的“一招致胜”的神仙方法，也不是“苦口婆心”的磨人过程。本书的策略与其说是解决问题的助手，不如说是给班主任的成长引领方向。它体现的三大特点：适切性，以适合学生的身心特征为基础；系统性，为人的发展构建了策略系统；针对性，就事论事，以求“对症下药”。

从本书的行文中，你可以看见八仙过海的“教育方法”，但是最有价值的是建立在方法背后的对问题的“分析—判定—完善”，这不仅仅是一个教育过程，更是一种教育思维。

班级管理的空间不大，它是在方寸教室中看见学生的班级日常生活。班级管理的空间很大，它是一个人成长过程的过去、现在和将来。在其中，“道”是视角，“术”是操作，只有“道”“术”融合，才能看见人的成长。

黄峥老师做了一件帮助班主任们的大好事，我替全国的班主任们感谢她。

是为序。

（方海东，浙江省特级教师，正高级教师，浙江省优秀教师，浙江省名班主任工作室主持人，浙江省班主任专业委员会副主任，首届全国班主任基本功大赛一等奖第一名，首届浙沪苏“长三角”教科研标兵，浙江省优质课一等奖，《班主任》《新班主任》《班主任杂志之友》等知名杂志封面人物，出版《细节成就优秀的教师》《守候阳光》等多本专著。）

序二

唐　洁

年初，黄峥老师欣喜地告诉我，她和伙伴们用时一年完成的书稿《班级管理有“道”有“术”》即将付梓！她郑重邀约我写个序，我没“敢”答应，以工作太忙推辞。在我看来，写序是一件很高端的事情，以我的“资质”，力不能及。然黄峥老师青眼有加，一直要等我“有闲暇”再动笔，心中感动、感慨、抱愧，故才郑重落笔。

初识黄峥老师，是在第五届长三角班主任基本功大赛期间，耳闻目睹她从区赛、市赛、省赛，直至长三角比赛，终获佳绩，自此一路开挂，在班主任专业成长的道路上弦歌不辍，百尺竿头步步高。从那时起，我和黄老师成了常常一起畅聊、互相启发、惺惺相惜的同行人。

作者是一群情怀深厚的班主任，他(她)们长期躬耕班主任园地，努力践行“做学生成长路上的导师”的理念；作者是一群孜孜以求的班主任，他(她)扎根一线，钻研育人之道，探寻教育之术；作者是一群富有智慧的班主任，他(她)轻罗智慧有爱的“小扇“，与学生站在一起打败问题。

中小学班主任是中小学教师队伍的重要组成部分，是中小学思想道德教育的骨干，担负着极其重要的育人责任。班主任工作既是一门科学，也是一门艺术。班主任如何做好中小学生健康成长的正确引领者？如何成为沟通家长和社区的坚实桥梁？作者们用思考与行动做出了负责任的回答。

众所周知，教育不能没有爱，但爱不等于教育。苏联教育家克鲁普斯卡娅说过：“光爱还不够，必须善于爱。”班主任要善于将自己对学生的“爱”变成能够让学生“感受得到、看得见”的具体行为。当前，身处实现中华民族伟大复兴的新征程，面对着生长在新时代春风里的新生代，“双减”政策正在重塑教育生态，实现“减负提质”，班主任工作面临更多新问题、新挑战。班主任要树立更加坚定的专业自信，练就更加高超的专业能力，凭借自身专业的精神、专业的态度、专业的智慧去真诚地引导、善意地教化、巧妙地化解、温和地帮助，如春风化雨，润物无声。

基于此，为年轻班主任提供切实有效的班集体建设和班级德育的方法技巧，向优秀班主任展现科学育人的创新理念与智慧，与教育同行共同交流思考、互相砥砺，应是作者编撰此书的动力之源。

阅读这本书，我初步感知这本书有以下明显特征：

脉络分明，问题指向明确。当今社会是一个讲求速度和效益的时代，精准施教，讲究效率，翻开书籍就能快速阅读到在班级管理中似曾相识问题，帮助读者快速打开思路，找到应对方法。

选题精细，聚焦时代特征。整本书聚焦当前班级管理的热点难点，涵盖面广，既仰望星空又脚踏实地，真实地呈现当前一线班主任在带班育人过程中遇到的困惑和问题，并给予科学有效的应对解决方法，是一本理论与实践结合紧密的班主任实践指南。

方法精妙，充满人文情怀。教育工作的独特与重大意义在于它是拨动心弦、塑造人格。做好人的工作，必须要坚持尊重人、理解人、关心人、激励人的情感性原则。特别是正在成长发育、尚不成熟的中小学生，更需要教师的期待宽容、用心呵护、善意提醒和精妙引领。这正是本书最大亮点和吸引力。

最后，还需指出，这本书不是用理论阐述的方式告诉人们怎样做班主任，而是通过生动鲜活的教育故事来诠释班主任工作的价值与意义。

潮平岸阔，风正帆悬。当今世界充满波动性与不确定，当代中国现代化发展呼唤现代化的教育。做年轻一代为学、为事、为人的示范，把他们培养成有大爱大德大情怀的人，有更多的问题需要我们去解决，有更多的困境需要我们去破解。期待前行路上，中小学班主任们迈着更加坚实的脚步，创造出更多美好的教育故事。

是为序。

（唐洁，合肥师范学院硕士生导师，副教授。主要研究方向：教育政策法规、教师教育、教育科研。曾任长三角及安徽省中小学班主任基本功大赛评委，中国教育战略发展学会教育改革创新委员会、安徽省教育学专业研究会、教育史专业研究会常务理事，安徽省教育学会会员，合肥市蜀山区特约督学。）

目　录

初中段

自我成长篇

校园生活篇

家校共育篇

热点透视篇

小学段

自我成长篇

校园生活篇

家校共育篇

热点透视篇

初中段

▶▶▶ 自我成长篇

相信。发生……

——班级屡屡发生偷窃事件，怎么办？

案例：

晚上九点，小明妈妈在班级QQ群里发了一条消息：她家小明的自行车被偷了，这辆车是孩子舅舅送给小明的生日礼物，市场价近5000元，小明非常喜欢。现在车子丢了，孩子难过得饭都吃不下。一石激起千层浪，群里接连出现几个家长的声音：肯定是我们班级同学干的，我家孩子前不久也被同学偷了钱，据说班级出现好几起偷窃事件！这个班级的孩子太糟糕了，家长们真是要好好管教，小时偷针，长大偷金啊！见到此情此景，身为班主任的你怎么办？

分析：

教育家苏霍姆林斯基说过：“儿童的尊严是人类心灵里最敏感的角落，保护儿童的自尊心就是保护儿童的潜在力量。”在家长群里看到这些信息，尤其是看到家长们把“偷”字挂在嘴边，我深感不妥。这样不仅不能解决问题，可能还会造成人人自危、互相猜疑的局面。就算真是我班学生所为，即便一开始他只是想着开个玩笑，在得知家长们都知道这件丑事，而且已经定性为“偷”后，我担心更没有孩子会主动认错了！可能导致的结果是，不仅小明的自行车找不回来，班级的良好风气也必然受到冲击，家长们也会对班级以及班主任产生不信任。

为什么我反感家长们用“偷”定性这件事？首先，物品被动丢失这种事情在中小学较为普遍。心理学研究表明，少年儿童阶段，这种拿别人东西的行为其实和道德品行没有必然联系，究其原因，无外乎以下几点：1. 占有心理。未成年人自我控制意识尚不完善，又处于很强的自我中心时期，不能很好地分清物品的所有权，只要看到自己喜欢的东西就想占为己有。如果初犯时没有被发现并及时纠正，可能就会慢慢演变成盗窃行为。2. 恶作剧心理。中小学生心智发展不成熟，无法体验到自己的恶作剧会给别人带来痛苦和损失,只图自己开心和好玩,进而做出偷藏别人东西的行为。3. 虚荣心理。有的学生家庭条件一般,看到别人有他喜欢的东西,而他经常得不到满足,因为攀比心作祟,他也会做出偷拿别人东西的不良行为。4. 心理疾病。这种病理性偷窃,属于习惯和冲动控制障碍的一种类型。该类型的特点是:控制不住偷窃,享受偷窃之前紧张、偷窃之后放松感带来的刺激和快感。

此外,仔细探究这些拿别人东西的孩子的家庭背景、内心世界,有不少孩子来自问题家庭,孩子的家庭或许有较好的经济基础,但是父母的关爱和陪伴十分贫乏。或者家庭虽完整,但父母对待孩子简单粗暴,甚至毫不尊重。为了引起父母的关注,孩子会"选择"类似案例中的行为方式报复家长。

再者,案例中还暴露出一个问题:班级失窃现象严重,家长颇有微词。所以,班主任不仅要就事论事,还要添枝加叶,运用平行教育理论,在教育个人的时候教育集体,教育集体的同时通过集体教育个人。

最后,教育的艺术,不在于传授知识,而在于唤醒、激发和鼓舞。因而,针对家长在群里的发言还要做正面积极引导,以期形成良好的班级氛围。

策略:

平息舆论,攻心为上。

第一步,立即回应,控制舆情。为了及时制止家长的负面情绪在群里继续发酵,我立即编发一则公告,表示会立即处理这类事件,还班级一片晴朗,给家长一个满意的交代。第二步,迅速了解大致情况。我立刻主动联系小明和他的家长,详细询问车子停放的位置、车子的特征、车锁的状况以及丢失的大概时间等。第三步,进一步掌握详细情况。我再联系学校总务处,了解学校监控的区域,初步判断孩子丢失自行车的地点在不在监控范围,为后面万不得已需要取证时做铺垫。第四步,敲山震虎,先礼后兵。万事俱备之后,我在群里发布了一条信息:"各位家长好,麻烦您询问一下孩子,小明的绿色山地车很流行,学校里有不少和它外形相似的车,极有可能被哪位同学误认为是自己的车而错推了。因为是周末,总务处就不联系警务人员调取监控了,错推的话就再把它推回到学校门口的榕树下即可。谢谢您的支持。”

儿童的心灵像荷叶上的露珠一样,我们要小心翼翼地保护。不管他(她)是好奇还是故意拿的,教育者都要在第一时间选择相信并保护他(她),给他(她)台阶下,并保护其自尊,不信春风唤不回。

倾听原委,尊重护航。

信息发出去没有多久,我就接到了小王家长的电话,他说是小王错推了自行车,家长证实两辆车确实非常相似。他补充说,周五放学天黑了,小王把自行车从车库推出来,出了校门以后,在灯光下,才发现不是自己的车子,车前多了一个装水杯的架子,立刻就把自行车丢在了学校附近一家饭店门口。听完家长的话,我让他转告小王,发现不是自己的东西能及时退回,做得非常好!现在请他抓紧把车推回到学校,我在办公室等他。

等到小王来了,我选择倾听他诉说事情的全过程,然后肯定他做得对的地方,再启发他反思还有哪些做得不完善、会引起别人误解的地方。比如,发现自行车不是自己的以后,怎样做既不会给别人造成不便也不会让自己被误解?这个学生平日里在班级表现非常不好,今天我对他的尊重和信任让他很感动!班主任无须扮演福尔摩斯,只要遵循一条心理学定律——先定为,再装为,最后成为,相信奇迹定能发生。这孩子日常写作文抓耳挠腮苦于没有素材,我趁热打铁,引导他把这件事写下来,选材绝对是独一无二的精品。果然,第二天,我就收到了他的一篇近千字的大作文《那天,那车》,当他发现自己的文字变成铅字以后,其欣喜的心情可想而知,教育对其产生的力量必然也会是不断加强的!

这件事留给我的思考是:为什么会有家长在群里曝光班级屡屡发生“偷窃”事件?小王真的是很无辜的吗?这只是他一个人的问题,还是一群人的问题?是他本身就出现了问题,还是受周围环境影响的呢?看来,不管是惩前毖后,还是未雨绸缪,都很有必要在班级召开一次主题班会了。

召开班会，教育集体。

生活不只是喜剧，有时班级丢失了物品，种种证据都指向了某位同学，可是他就是不承认。这次，家长们既然在群里提到这个现象，那就借这个契机肃清负面影响，还班集体一片晴朗。

对集体进行教育，形成良好的班风，最好的办法之一就是主题班会。我有意安排小明和小王合作组织召开这次班会课，如此安排是因为他俩是亲历者，最能够感同身受。另外，我也非常希望小王能通过准备这次班会课而受到无痕的教育，进而成长为更好的自己。备课时，我启发他俩思考几个问题：1. 别人的东西我没有，但是我非常喜欢，怎么办？ 2. 当我们错拿了别人的东西，可以有哪些补救的办法？ 3. 我们如何保管好自己的物品？

班集体是这些学生有效转化的主阵地，班级是青少年成长的最基本的社会单位，班主任永远都要和他们站在一起，用集体的力量扩大教育的效果。

携手家庭，正面管教。

根据萨提亚的冰山理论，孩子表现出来的行为或者情绪只是冰山一角。导致这些行为发生的因素有很多，其中，家庭教育对孩子的影响尤其大。所以，很有必要借此机会联合家庭，合力教育成长中易做错事的孩子。

首先，提醒家长在对孩子进行此方面的教育时，同样要注意方式方法，不能没完没了地责备，要做到不伤害孩子的自尊心，不激发他们的对抗与报复心理，或产生对自身的厌恶，从而失去自信心。我们要针对事情，而非人的本身。

其次，作为家长，还要建立一个避免孩子偷窃的环境，即建立一个让孩子不会想做坏事的环境。另外一点是，不要去找“犯人”，这比找到钱更为重要。对青春期的孩子而言，当面斥责或严厉处罚，都会对他们造成极大的伤害，有的人甚至一辈子抬不起头。其实，很多孩子都有过偷拿别人东西的经历，只要让孩子认识到拿别人东西是可耻的，而且还要为此承担相应的后果，孩子会慢慢改掉偷拿的毛病。

最后,告知家长——班级微信群作为班级公共场所,是班级发送通知的地方。家长遇到问题不要在群里发泄情绪,可以私聊老师,共同寻求解决问题的方法。家校携手,共同呵护孩子们的躁动的青春!

解决成长问题的根本力量来自孩子自己!只有努力培育孩子内心的力量,才能改变不良习惯,让他们成为幸福而完整的人!因为"相信"后面是句号,奇迹就一定会发生……

（黄　峥）

你要做的是引导，不是制止
——孩子迷恋言情小说，怎么办？

案例：

昕怡最近上课神思恍惚，在理科课堂上更是频频打瞌睡，成绩一落千丈，而且情绪时好时坏。课下和昕怡谈话，她说这些问题是自己晚上学习太晚所致。没过几天，昕怡爸爸给班主任打电话说，黄老师，救救我家女儿吧，她天天夜里躲在卫生间看小说，为此卫生间的门都被我砸坏了好几扇。今天白天，我趁孩子上学翻看了她的房间，床垫下面藏了不少本“霸道总裁系列”、“高干系列”等言情小说。打开电脑，我也发现有不少言情小说的阅读痕迹，甚至还发现孩子迷恋上了写网络小说，其中不乏少男少女“谈情说爱”的情节……昕怡爸爸非常焦虑，觉得孩子这样下去不仅中考无望，身体也会耗垮掉！身为班主任，你可以怎么做？

分析：

心理学上有句话，禁果会对孩子有强大的吸引力！这个案例足以证明这句话的威力：越禁止，孩子越好奇，越是我行我素，甚至发展到和家长对着干。

一方面，从学生层面来分析，一个人沉迷一样东西总是有动机的！就十三四岁的中学生而言，懵懵懂懂，荷尔蒙旺盛，对新鲜事物有好奇心，憧憬风花雪月的爱情，是再正常不过的事情了。他们还缺乏自制力，有时明知不好却难以管控自己，久而久之就产生了放任自流的念头。中国青少年研究中心就曾做过调查，发现中小学生接触网络小说现象非常普遍。由于信息交通的便利，加上周围的环境对他们也有极大的诱惑，比如，电视电影、抖音综艺等，不少孩子出现了网络小说成瘾的症状。而成瘾带来的最大危害就是：白天精神恍惚，情绪时好时坏，严重的势必还会影响到正常的人际交往以及学业。

另一方面，从家庭层面来分析，可能也存在以下原因：首先，家庭生活单调，家长只关注孩子的学习，很少陪伴孩子，更不用说陪孩子游戏了。孩子对现实生活失望，就转而着迷于言情小说的绚丽多姿了。其次，家长对孩子不管不问，错过了对孩子科学引导的关键时期。再者，家长缺乏耐心，难以理解孩子的问题，解决问题的方式单一粗暴，孩子不服气，进而叛逆心很重。看小说、写小说成了孩子逃避现实、宣泄情绪的途径。

任何事物都有它的正向动机和反向动机，如何引导学生正确面对、趋利避害呢？

策略：

生活中，也看见过部分老师和案例中的家长一样——见书就没收，没收就撕掉、销毁。学生会有何反应呢？既然"地上"行不通，那就转为"地下"呗；大部头的容易暴露，那就撕成几页几页偷偷地看呗。想想看，这样岂不是更具隐蔽性，更有破坏力？那么，对于案例中的情境，该怎么妥善处理呢？

"引"理解，"导"信任。

不要以老师或者家长的身份居高临下地禁锢孩子思维，多理解、沟通，才是解决心病最对症的良药。昕怡的案例绝非个案，在初中阶段较为普遍。如果家长一来反映，老师就找到学生点对点教育，不仅会让她很没面子，甚至会让她对老师产生不信任感，而且对班级其他同学也不能起到很好的教育作用。为此，我把班级女生单独召集到一起，创设轻松的氛围，从"老师青春年少也爱看言情小说"的经历切入——最疯狂的一次是用了寒假的两个夜晚看完了琼瑶的《窗外》，因为白天不敢看，晚上在被窝里挑灯夜读。看到她们亮晶晶的眼神、频频点头地会心一笑，我就知道我已经赢得她们的信任了。然后我再让她们畅谈读过的言情小说。有的说："如今，看言情、武侠、玄幻小说在同学中很流行。大家不仅看，还热衷于创作，不少人物的原型就是生活中的同学，有的都写了好几本了。"有的补充："男生一般喜欢写武侠、科幻、侦破的，而女生则喜欢写言情的。不过，我们都是偷偷写，然后互相传阅，有的同学还是网络热门写手呢。"

对于家长的反对，昕怡有些不以为然："平时学习压力比较大，家长又不给玩这个弄那个，节假日也没空陪我，我只有待在家里看小说。写小说也是爱好和放松。爸爸妈妈只知道催我好好学习，可二者并不矛盾啊！”

教育家魏书生说，走入学生的心灵中去，你就会发现那是一个广阔而迷人的新天地，许多百思不得其解的教育难题，我都会在那得到答案。信任是走近学生并能助力他们成长的最佳路径！当学生倾诉他们的心里话时，其实教育的基础就奠定好了。

“引”选择，“导”品位。

虽然有人把言情小说叫做“精神鸦片”，但流行就是必然，存在即有道理。其实，辩证地去看这类书籍，也不尽是糟粕，关键在于引导孩子鉴别优质的书籍，毕竟，有句话说得好：只要一个孩子还愿意看书，他就不会堕落！

不用刻意控制，那样孩子更容易偷偷看，而且在你不知道的时候，容易看到不好的小说。与其不断上演“猫捉老鼠”的游戏，不如选择支持她，但是由你来挑选适合她的内容，比如，纯纯的言情校园小说，古今中外爱情名著等。选择那些文笔好的、内容积极向上的，既可以丰富孩子的文学涵养，也有助于学生树立正确的三观。就我亲身经验来说，当年偷看《侠客行》时，就真正认识到有一种小说，在娱乐心情的同时，可以教给人“侠之大者，为国为民”的豪情。《射雕英雄传》的民族大义、《窗外》的至真至纯，以及《神雕侠侣》的柔情忠贞，让人辗转反侧、寤寐思服。所以，老师可以举办一期“读书沙龙”，指导学生如何提升审美品位，选择质量高的文学作品阅读：指导学生看《甄嬛传》，积累文中典雅优美的诗词文句、学习其刻画人物的细腻传神；指导学生阅读《泰坦尼克号》、《致女儿的一封信》，明白爱情的真谛是承诺、责任、担当、忠贞……组织学生读琼瑶的《庭院深深深几许》、《窗外》……一起探讨交流言情小说不只是情节美好，作者腹有诗书气自华，连标题、书中文物的名字都那么美好粲然。我甚至还为班级同学开过“言情小说书目”，比如，顾漫的《何以笙箫默》，郭敬明的《梦里花落知多少》《左手倒影，右手年华》，蒋方舟的《第一女生》，村上春树的《挪威的森林》，东野圭吾的《白夜行》，宫崎骏的《天空之城》《千与千寻》，夏洛蒂·勃朗特的《简·爱》……审美是有个进阶过程的，学生领略过好的作品，就再也看不进那种“霸道总裁文”了。

趁热打铁，我再适时地组织“读书交流会”，引导、点拨学生会读书、读好书、好读书。此外，通过女生课堂（一期一主题：如联系书本现身说法，邀请医生专业指导学生了解并爱护自己的身体，聘请恋爱专家给学生讲讲正确的爱情观……）逐步提高学生的恋商以及看人的水准，引导她们多点思考，提高对恋爱方面的认知。

“引”制度，“导”行动。

顺势而为的教育最是无痕且有价值！既然读言情读玄幻小说的现象这样普遍，那就师生共议、商定奖惩积分制度，打造独特的书香班级。推荐书目列好以后，首先，宣传动员筹集书籍：有学生们各显神通从家里拿来的图书，也有家长积极赞助的，还有从学校图书馆“借”来的。其次，招兵买马组织管理：我鼓励昕怡担任图书管理员，孩子干劲十足，当天就出炉了图书管理制度、阅读奖励积分制度。第三，坚持阅读及时交流。每两周组织召开一次“读书交流会”，一次一主题，可以推荐名句佳文，也可以点评标题、结构，更可以评价人物性格，探讨主题意义等。每月评选出“阅读之星”“创作之星”，出海报贴在教室醒目的位置隆重表彰。当然，无规矩难成方圆，有奖励自然得有惩戒措施保障。比如，发现上课看闲书、熬夜刷网络小说、写网络烂文的就发他一张“限借卡”（一个月），这样，有共同制定的契约保障，“犯者”也不至于思想上抵触。

“引”家庭，“导”成长。

除了引导昕怡以及班级同学正确对待书籍的选择和阅读，还不能忽略家庭教育对学校教育的配合，进而凝成教育的合力。指导家长的形式可以多样：家访、线上交流、专家指导、推荐育儿书籍、定期举办家长沙龙等。要引领家长明白——孩子是自由独立的个体，并不是家长的附属品，他们可以有自己的“旁逸斜出”。很显然，需要科学地引导案例中的家长：比如，对孩子犯错要有耐心；比如，高质量陪伴孩子；比如，要用长远的发展的眼光欣赏自己的孩子；比如，给孩子足够拓展眼界的物质条件和丰富的讯息……

此外，除草的最好办法就是种上庄稼！对那些冥顽不灵贪恋网络劣质小说的、熬夜写作网络烂文的同学，要多鼓励他们参加文体活动，分散他们的注意力，如果家庭教育配合得当，帮助孩子慢慢确定一个爱好、训练一项特长，当孩子在这项爱好或者特长中找到了成就感，他的专注力就被拉回到了正轨。家庭亲子阅读活动也能帮助孩子养成爱读书的好习惯，更能提升其选书的品位！

看言情、玄幻小说和看电视剧一样，都是丰富精神世界的需要而已，不是什么洪水猛兽。老师和家长都要有信心，随着学生的知识量不断丰富，他们的眼界会提升、见识会增长，那时，他会自觉自愿地挑选更有品位的书籍阅读！因为人不可能被低于自己认知度和新鲜感的事物永远吸引。

而我们要做的，不能止于制止，更重要的是引导！

（黄　峥）

有话好好说

——如何引导青少年管理自己的情绪？

案例：

涛涛是一位14岁的初三男孩，在班级成绩名列前茅，但是性格有些急躁，面对问题不够冷静，对于自己的情绪管理有所欠缺。一天下午放学后，涛涛和本班同学阳阳在操场上因为体育训练的事起了争执，在推搡的过程中，涛涛把阳阳的小指关节踢成了骨折。两名孩子的冲突在放学后引起了两个家庭的矛盾：阳阳的爸爸在班级群里@涛涛的父母要一个说法。这已经是涛涛第二次跟同学出现肢体冲突了。就在几周前，班主任刘老师也接到过乐乐的妈妈打来的告状电话：也是下午放学的时候，涛涛和乐乐因为几句玩笑话起了冲突，两人争吵的时候，乐乐的眼镜被涛涛打碎，手指也被他咬到流血。面对这两起事件，作为涛涛的班主任，你该如何处理？

分析：

进入初中以后，孩子的独立意识日渐成熟，开始习惯以“我”为中心的表达方式，并据此开展人际交往。但是进入青春期的他们情绪极不稳定，少数孩子甚至会仅仅因为和同学一言不合就发生冲突，进而大打出手。初中阶段，男生和男生交往的时候，在交流看法、表达自己的感受时，也往往词不达意，甚至故意开玩笑。一旦发生冲突，他们在短时间内想不到更多更有效的解决方法，其中有些孩子不愿意甚至嘲笑那些去寻求老师解决问题的同学。因此，对于这些孩子来说，打架成了最直接、最有效的方法。

就个体性格来说，涛涛的性格有些急躁，跟同学们交往的时候，往往缺乏耐心听别的同学把话说完，进而出现误解。而阳阳和乐乐不是全无责任，他们也存在着恶作剧的心理，故意和涛涛开玩笑，直至出现后面无法收场的局面。遇到这种情况,班主任可以采取如下做法。

策略:

应急处理,化解危机。

当出现学生打架情况时,班主任作为第一责任人,一定要在第一时间站出来解决问题,积极协调,处理好两个同学之间甚至是双方家长之间的问题,千万不能漠视不管,置之不理。否则,小事件可能引起大问题,甚至进而引起家长之间的矛盾冲突。

当天晚上,班主任刘老师第一时间在班级群里回复消息,表示愿意积极处理这件事情,并通过电话向阳阳的爸爸了解孩子的治疗情况,对阳阳进行精神上的安抚,以平息阳阳家长的怒气,防止家长在愤怒之下做出过激行为。紧接着,刘老师又通过电话将事情的大概告知了涛涛妈妈,并希望涛涛妈妈能够在群里回复一下信息:愿意积极协同处理孩子之间的事情。并一再嘱咐家长,安抚好涛涛的情绪,不要苛责他,避免孩子有太大的心理负担。

在老师的努力下,双方家长也都表示,相信学校能够处理好这件事,也愿意配合班主任开展工作。正因为班主任的积极态度,才使得本次事件处在一个可控的状态。

对话心灵,逐个击破。

全国著名特级教师周一贯说:"一个具有倾听意识和习惯的教师不会满足于仅仅听到了学生的言辞,他还善于倾听言辞背后的思绪和性情、欲望和需求,并加以热情地呵护和细心地引导。"

在事件发生的第二天,班主任先是仔细询问了阳阳受伤的情况,对他的遭遇表达同情和关心,又仔细了解了事情的经过。阳阳伤的是右手,所以,接下来他的学习可能会遇到一定的困难,刘老师表示愿意帮助他,和他一起克服。

著名作家莫言也曾说过:"分数、学历甚至知识都不是教育的本质,教育的本质是一个灵魂唤醒另一个灵魂。"作为教育者的我们,不应该给出现问题的同学贴标签,而是要让孩子们认识到正确的人际交往、管理情绪、表达自己的重要性。当我们和受伤害的学生谈话的时候，要关注学生受伤的情况，表达安慰与同情；班主任和犯错的学生谈话的时候，更要安慰和关注学生的心理状况，千万不要一味苛责。因此，在此之后，班主任又把涛涛单独叫过来，他的表情非常地凝重，神色也有些慌张。班主任一番安慰的话语让涛涛放松心情，卸下了心理包袱。同时，班主任帮助涛涛分析当前的情况，表达了要和涛涛一起去积极面对的意愿。等涛涛的情绪稍微和缓时，班主任向他询问了一些当天事情发生的细节，并做好相关的记录。

在对话的过程中，涛涛意识到自己当时没有控制好自己的情绪，太过冲动，意气用事，才导致了此次事件的发生。班主任引导涛涛认识到管理情绪、好好说话的重要性，提醒他遇到事情的时候一定不要冲动，否则会造成更严重的后果。说到阳阳目前的伤势，班主任问涛涛愿不愿意在学习、值日等班级活动上帮助阳阳，涛涛也欣然同意。

最后，班主任把两个孩子邀请到一个放松安静的环境里，把事情简单做一个陈述和梳理；同时，回顾三年来班级同学共同经历的点点滴滴，用温情的方式无声润物，两个孩子握手言和，达成和解。

解决了学生的问题，接下来就应该解决双方家长的问题，在邀请学生家长到学校来的时候，班主任做好协调、疏导和赔付，最终使双方家长达成了彼此谅解。

拓展延伸，举一反三。

涛涛的问题已经连续出现了两次，在班级中产生了一定的负面影响，班主任不仅要及时处理两人打架造成的个人矛盾，更要举一反三，及时跟进，通过形式多样的德育活动，防止班级学生跟风，有效避免班级此后继续出现此类问题。

在班级管理中，我们从正面进行引导，让同学们对自己的情绪管理、思想行为有一个正确的认识，做一个与人为善的同学。同时采取相关措施，可以举行《做情绪的主人》《以和为贵》《优化情绪，释放压力》等相关内容的主题班会，可以策划“我们在一起”的班级活动，引导学生合理管理情绪，融洽同学关系，增强班级凝聚力。

（刘　康）

友情那些事儿

——如何引导中学生建立健康的友谊观?

案例:

进入九年级,成绩一向不错的雯雯上课经常走神,各科老师也都反映她的作业质量大不如从前。班主任刘老师跟雯雯谈话的时候,雯雯伤心地哭了起来。原来,新学期,班级根据同学们的身高重新调整了座位,雯雯没有跟自己的好朋友小雨做同桌了。过了几天,雯雯发现小雨和新同桌小妍的关系越走越近,总感觉到自己被忽略,这种感受成了雯雯的心事。她和小雨从小学开始就在一个班里,一起上学放学,一起分享开心和难过,一起走过了八年的时间。雯雯非常珍视这段友谊,不想失去。从性格上来说,雯雯是一个文静内向的女孩子,不知道该怎么处理这种情况。因此,雯雯觉得非常苦恼。如果你是班主任刘老师,该怎么帮助她呢?

分析:

孩子进入青春期之后,思想和情感的关注点开始发生转移甚至转变。在儿童的时候,孩子依赖更多的是家长,而进入青春期后,这种关注开始转移到朋友身上。但是由于他们身心发育不成熟,阅历不深,看问题容易片面,他们会将过多的期待寄托在友情之上。此时的友谊也具有严重的排他性,孩子在友情中付出,也期待自己的朋友以同样的付出回报自己。进入九年级的孩子们学业压力变大,这种友谊的情感需求对他们也就变得更加重要。因此,作为班主任,如何帮助学生正确处理友情中的那些事儿,成为亟待解决的问题。

策略:

关于友情的困惑,是初中生人际交往中常见的问题。这种对于友情的排他性，在初中阶段女生交往中表现得相对明显。或许在成人的世界里，很多的问题并没有多么严重，但是对于一个孩子，思想问题解决不好，他们的情绪、学习、生活都会受到很大的影响。孩子的每一个问题都值得我们去思考，我们有责任和义务对她们伸出援助之手。雯雯的问题本质上就是友情的排他性导致的负面情绪，同时，内向的性格又使她难以自我劝说、和解，对此，我们可以这么做：

给予安慰，感受温暖。

著名教育家陶行知先生说过：“真正的教育是心心相印的活动，唯独从心里发出来的才能到达心的深处。”面对一个哭泣的孩子，我们不能只是简单地同情和说一句“别哭了”，更多的应该是找到问题的症结，给予孩子内心的理解和安慰。

在了解到雯雯的情况后，班主任刘老师将雯雯拉到身边坐下，用纸巾擦去孩子脸上的泪水，用温柔的语气给予了雯雯感同身受的安慰，分享了自己初中阶段结识并一直延续至今的好朋友的故事。刘老师告诉雯雯，距离并不是友谊的阻碍，真正的友谊是内心深处的志同道合和互相信任，并且鼓励雯雯要对自己与小雨的友情有信心，并且也可以尝试着跟小妍做朋友。

手写留言，解开心结。

根据雯雯的情况，刘老师又找来小雨和小妍，简单对雯雯的情况做了说明，并希望小雨和小妍诚挚地给雯雯写一封信，从不同的角度安慰和鼓励雯雯，同时建议她们亲手把信交到雯雯的手上。

当小雨和小妍收到雯雯同样诚挚的回信时，她们再次给予了雯雯友好的回应。自此，雯雯的烦恼终于消散了，三个女孩子都成了好朋友。

召开班会，关注友谊。

解决了雯雯的问题，我们要学会找到这类问题的共性，以便更好地处理学生问题。此时，可以通过一次友谊的主题班会对全班同学进行指导。我们可以这样设计：

教学目标

1. 正确处理友谊中的“排他性”,形成正确的友谊观;

2. 体会友谊带来的欢乐,通过活动,使学生学会如何维护友谊。

课前准备:搜集整理关于友情的故事排练《羚羊木雕》小话剧

一、了解友情

【活动一】他们的友情

以小组为单位搜集关于友情的故事,并进行分享;

教师明确:钟子期和俞伯牙的高山流水觅知音的故事令人动容,管仲和鲍叔牙的管鲍之交也让我们认识了友情中互相理解的重要性,元稹和白居易,滕子京和范仲淹,马克思和恩格斯……不同的人生际遇和一样的理想追求使得他们的友谊成为千古流传的佳话。友谊不受身份、年龄、性别、种族的限制,是最真挚的人类情感之一。

【活动二】我们的友情

我问你写(学生准备纸、笔,按照教师的描述进行回答,让学生将答案写下来是为了所有学生都能够有效思考)

你最好的朋友是谁?她/他为什么成为你最好的朋友?

引导学生分享自己的真实的情感体验,调动学生热情,为整场班会奠定良好的情感基础。

教师明确:或许是因为她的热情大方,或许是因为她的善解人意,或许是她不经意的帮助,或许是因为那一刻的心有灵犀……友谊开始的瞬间,一定是美妙和让人欣喜的。他/她成为你的朋友,也一定有着特别的原因。

【活动三】友情的真谛:小圈子现象

班级小圈子:班级里几个朋友组成的小圈子,往往伴有拉帮结派、违反纪律的情况,这些小圈子看似关系要好,其实是另一种形式的自我封闭和逃避集体,通常还会对班级风气有很大的影响。

那么,你认为真正的友情到底是什么?(学生每人用一句话来概括)

友情是无所求的默契,友情是平等的心灵对话,友情是停泊心灵的港湾,友情是独立人格之间的相互呼应和确认……每个人对友情的定义是不一样的,但是,那都叫友情。

二、感受友情

【活动四】我的友情故事:表演班级小话剧《羚羊木雕》

羚羊木雕这个故事原来是中学语文课本上的一篇课文,作者送给自己最好的朋友万芳一件羚羊木雕,可是家人却觉得这个礼物太过贵重,而要求作者去问万芳要回来,作为友情象征的羚羊木雕,一下子变成了友情的矛盾。话剧的最后,万芳将作者还回的小刀塞回到作者手里,将友情延续下去。不拘泥于成人之间对于礼物轻重的计较,同学之间纯洁的友情,才应该是我们的追求。

问题:你和你的好朋友之间有没有令人感动的故事?学生分享自己的友情故事。

【活动五】友情的力量——让我倒在你怀里(两个好朋友,一人站在另外一个的前面,间隔半米,在主持人的指令下,前面的人向后倒下去,让后一个人接住)

通过游戏让学生体验到彼此信任的力量:信任让友谊更无惧,信任让我们的内心更加踏实。

三、经营友情

【活动六】友情的危机——播放动画片《洛宝贝》第12集《替代》

动画片里的洛宝贝原本跟菲儿和天明都是好朋友,但是天明多才多艺的表姐安娜成为大家的新焦点,洛宝贝觉得自己被冷落,处处针对安娜,自己也在这个过程中变得不快乐,其实洛宝贝的这种失落的感觉,可能很多同学都有过。首先这是一种正常的心理现象,无须自责和隐藏。但是,我们要把心胸放大,用一颗包容的心去对待朋友,真正的友情并不具有“排他性”。在友情中也要保持自信,勇敢地做自己,当所有人都成为好朋友,我们的集体也就更具有凝聚力。在动画片的最后,洛宝贝和安娜也成为好朋友,就像《朋友》这首歌里所唱的:“结识新朋友,不忘老朋友,多少新朋友,变成老朋友。”

【活动七】我的小烦恼——听听同学的交友烦恼

像动画片中的洛宝贝一样,在友情中,我们肯定也会遇到烦恼的问题,可能你特别讲义气,好朋友犯了错误也选择去包容他;可能你和好朋友之间为了一件小事意见不同,出现了小摩擦;可能你的朋友也会有这样那样的缺点和不足,让你觉得失望等。但是金无足赤,人无完人,没有一个人是完美的,要学会接受自己和朋友的不完美。同时,与朋友相处,也要讲原则,做一个真心诚意为对方好的诤友。

四、展望友情

【活动八】

(播放、学唱歌曲《友谊地久天长》)

班主任总结:初中生活是短暂的,但是我们的友谊并不短暂,即使以后的日子,我们和朋友之间可能会相隔万里,这一段美好的友情,也会值得我们用一生去铭记,去回忆。让我们一起歌唱《友谊地久天长》,一起展望我们美好的友情。

班会课后,刘老师又举行了友谊主题的演讲比赛、手抄报展示,课间播放关于友情的心灵减压故事,创设正确友情观的宣传氛围,帮助孩子们建立正确的友情观。

(刘　康)

摘掉帽子和口罩的男孩

——学生自我封闭，怎么办？

案例：

临近中考，小伟变得有些“特别”，他借着当前“疫情防控”的理由，在课堂上，戴着黑色的口罩和帽子，遮挡住自己大部分的脸，体育训练时也不愿拿下来。各科老师都向班主任刘老师反映这个情况。班主任跟他谈话、做心理疏导、开展家访，他都表现得非常闪躲和抗拒。妈妈的干预也没有任何的改变，甚至变本加厉：在离中考越来越近的日子里，所有同学都在认真努力地学习，小伟却总是在课堂上昏昏欲睡，作业基本不做，也不愿跟同学交流。忽然有一天，小伟不来上学了，小伟的妈妈向班主任哭诉：小伟觉得自己跟不上大家学习的节奏，感觉上学也没有用，要出去打工养活自己。

小伟在学校里朋友很少，大多数时候只跟同桌小宇在一起玩。小伟的父母两年前离婚，法院原本将他判给了爸爸，但是小伟的爸爸并没有尽到监护的职责，还经常对小伟拳脚相向。妈妈为了小伟的生活和学习，临近中考，只能让小伟搬来和自己一起住，可是妈妈平时要打理自己的店铺，也没有多少时间陪伴小伟。面对小伟的情况，班主任该怎么办？

分析：

原生家庭对于一个孩子的影响是巨大的，有时候甚至会以潜移默化的方式渗透一个人的一生。如果说父母离异对于小伟是第一重的伤害，那么小伟爸爸没有尽到监护的义务，他不得不再次被妈妈抚养的经历，更会让小伟受到一种被丢弃和成为负担的二次伤害，延伸到现实生活中，就是深入内心的原生自卑。

行为心理学认为，行为是有机体适应环境变化的身体反应的组合。小伟整天戴口罩和帽子的行为，其实就是小伟内心的自卑外化而成的，是一种对现实生活的疏离和逃避。处在九年级这个特殊时期,班级里所有同学都在努力,而小伟在课堂上听不懂、学不会,在这种情况下,他内心的自卑变得更加严重。于是,他就用帽子和口罩的遮挡来逃避转移,后来逐渐发展到不来上学的完全逃避。

作为一个初中生,小伟还没有形成稳定的自我评价体系,并容易受到父母和周围同学及老师态度的影响,形成不良的自我否定性评价。在接收到老师对他的“帽子口罩”的否定后,一定程度上也加剧了他消极悲观的心理,这也是导致他不想上学的直接原因。

除此之外,升学的压力,中考相对单一、绝对的评价体系,以及对学困生心理压力,对特殊家庭孩子的心理变化关注不够,也在一定程度上加剧了这种情况的发生和发展。而中考相对难度增加,高中学位的紧张,妈妈对孩子的过分关注,爸爸对孩子教育的缺失等,这种碎片化、程式化的社会信息强化了特殊家庭孩子内心的自卑,在自身、家庭、班级、社会的多重压力之下,孩子内心的自信不断被影响和侵蚀,最终导致了小伟对学校和现实的逃避。作为班主任,遇到这种情况,要积极应对,多想办法,可做如下处理:

策略:

建立信息台账,常怀关爱之心。

对于特殊家庭的孩子,班主任和任课教师更应该常怀关爱之心,且在能力范围之内给予更多的关注。在入学之初,作为班主任,要对班级学生的原生家庭情况进行排查,如单亲家庭、重组家庭、留守儿童等,分门别类地进行统计,做到心中有数。统计的过程中,一定不能过于强调其特殊性,要照顾到孩子的自尊心。在平时的学习中,可以有针对性且不刻意地利用相应的班级活动、谈心谈话等方式,了解这些孩子们的内心状态,引导他们做更好的自己。同时,和孩子的父母也要保持家校沟通,做好相应的记录。另外,这个表格的统计是一个动态管理的过程,每个学期都应对表格进行整理完善。这样做的好处是,一旦哪个孩子出现问题,我们可以掌握更多的信息去应对突发的状况,而不至于手忙脚乱。

联合多方力量,架起关爱桥梁。

在处理小伟的问题时,我们不能不分青红皂白地指责,一定要静下心来弄清楚事情的前因后果，联合孩子爸爸妈妈、班级同学、任课教师等多方面的资源，多管齐下，共同努力。

每个人都有沟通需求，初中的孩子很多时候都不愿意和父母、老师说出自己的心里话，但是一般都会讲给自己的好朋友听。班主任可以跟小伟的好朋友小宇了解小伟最近的情况，比如问问他近期有什么情绪上或者生活上的突然的变化，以便掌握小伟的最新动态。

从情感角度入手，号召所有的同学给小伟写一张小纸条，纸条的内容班主任应进行引导，可以回忆与小伟交往的片段，可以是表达希望小伟回到学校的期盼……将每个同学的小纸条放到提前准备的一个大盒子里。班主任要对纸条进行筛选，在做家访的时候将盒子交给小伟，让他能够切实感受班级同学的温暖和情谊。

加强家校合作，创新关爱形式。

针对小伟的问题，教师一定要与小伟的父母做好充分的沟通，了解他们的诉求和想法，取得他们的信任，让他们感受到学校、班级对小伟家庭的真心帮助，并且要让他们愿意参与到帮助小伟的过程之中。针对小伟的爸爸和妈妈各自的家庭情况，班主任也不要过多干涉，尽量以小伟为话题切入点。在做好充分沟通的前提下，联合几位任课教师一起做一次家访，尤其是带着小伟最喜欢、最擅长科目的任课教师，这样能够有更多的话题切入点，也能够更好地了解小伟内心最真实的想法。

家访不是万能的，一次家访不一定就能解决所有的问题。在这个过程中，班主任一定要调整好自己的心态，放下自己班主任的身份，以孩子的角度换位思考，去尝试理解孩子的内心，让孩子感受到我们的真心和真情，直到孩子回到学校。小伟的回归不是结束，而是我们另一项工作的开始，关注像小伟一样的孩子，提高孩子内心的自信，才能够防患于未然。在后续的班级日常管理中，还要利用好班会这个阵地，就小伟的问题，不妨召开一系列主题班会，如《感恩父母》、《做更好的自己》、《我能行》等，引导孩子们正视问题，找到自信，努力成为更好的自己。

班主任也要多学习，多充电，多方位地了解孩子的内心世界，参与到孩子的学习、生活中去。除此之外，班主任还要适时创新关爱形式，利用好谈话、家访、班会等阵地，利用沙盘游戏，班级建设活动，快闪活动等个体性与群体性的活动，来加强班级凝聚力，提高单个学生的参与度，培养孩子的自信心。

重视心理疏导，树立乐观信心。

从学校层面上来看，学校的心理辅导室应正常开展心理辅导工作，尤其是针对毕业班同学的心理状况应给予即时监控和管理。结合"双减"政策，有目的有计划有针对性地定期进行九年级群体和特殊个体的减压活动，以便所有同学都能减少学业带来的压力，轻装上阵。同时，要针对中学生做一些相对应的职业规划设计的讲座、活动，培养孩子们放宽眼界，敢于自信。

作为班主任，在班级管理中会遇到各种各样的问题。但是，我们不应该退缩和惧怕，而是要将这些问题作为"危机公关"来处理。处理好一个孩子的问题，也同样给其他的孩子树立榜样，给予正确的引导，这样就能举一反三，有所广益。

（刘　康）

让阳光洒满年轻的心灵

——如何引导学生珍爱自己?

案例:

九年级上学期的一个课间,班长小何冲进班主任的办公室,说小斌用拳头砸坏了教室的窗户玻璃,手臂被划伤,流了好多血。你一边赶往教室,一边询问小何具体情况。小何回答,小斌最近几天都闷闷不乐,天天说“活着真没意思”。听同学们说,是小斌向小娜表白被拒绝了。班主任回想小斌的日常表现:他曾经在学校运动会为班级拿了不少分,但是成绩一般,平时学习热情不高。对此,班主任该如何处理呢?

分析:

这个案例包含以下教育因素:

1. 情感教育。这是一个青春期情感问题,男生因为无法得到心仪女生的垂青,内心失落沮丧,进而引发过激的发泄行为。因此,首先要引导青少年正确面对青春期的情感波动——在情感朦胧期对异性同学有好感是正常的,但是要保持理性,学会疏导情绪,避免陷入“情感漩涡”,不能因为单相思或早恋而影响学业,更不能因为情感受挫就一蹶不振、自暴自弃。

从班长小何的话语中我们可以发现,这一“情感事件”已经引发班级舆论。在“砸窗户”突发事件之后,学生也在等待班主任的表态和后续行动。这不仅是引导个体学生成长的问题,也是一个对集体进行青春期情感教育的契机。

2. 生命教育。因为“求之不得”而“辗转反侧”,是青春期男孩常常会遇到的问题,但是深入思考这个案例,因为“单方面失恋”而引发“破坏班级公物、自残”的危险行为,凸显了青少年生命意识的淡薄。联想当下,少数初中生因为学业压力、亲子矛盾、校园霸凌而导致心理抑郁,甚至引发自残、轻生行为,让我们再一次认识到校园“生命教育”要真正走进少年的内心,使其明白“生命可贵”、进而领悟“一个人唯有先自珍自爱,然后才能赢得他人喜爱”的道理。

案例中的小斌,在班级里也曾有过高光时刻,在运动会上为班级拿分。但是因为文化课成绩一般,在班级里他可能是缺少存在感的。在学习上难以得到成就感的学生,很容易向外寻找寄托:要么沉迷于球类、游戏,要么渴求情感慰藉。小斌选择了后者,学业不理想的他,没有及时清醒和努力,在错误的方向上寻求情感安慰,不可避免地遇挫。这让不懂得珍爱自我的他进一步降低了自我认知,做出了伤害自己的举动。

3. 挫折教育。如何正确应对挫折,可以说是青少年成长的必修课。现在的初中生,大多是在家人宠爱和鼓励的氛围中成长起来的,鲜有吃苦受挫的经历。有些孩子在学业和生活上遇到一点儿困难、挫折,就怨天尤人,甚至寻死觅活,这都说明了挫折教育的重要性。成长不仅需要学会奔跑,也要学会如何面对跌倒。

如何让这个不懂得珍爱自己也没有学习动力的孩子,在成长的关键阶段,觉醒内驱力,珍惜青春,努力打拼呢?

苏霍姆林斯基说得好:“激发起学生要当一个好人的愿望,实质上是从自豪感、自尊心开始的。”班主任要巧妙引导学生,唤醒学生的自尊心,遇到困顿失败时能正确面对,肯定自我,将挫折当做一种外界的唤醒,从挫折中学习,学会反思和改进。

一个在外界寻找情感依赖、不懂得珍爱自己的孩子,有很大可能在家庭也缺乏足够的关爱和肯定。所以班主任要了解小斌的家庭情况,加强家校沟通,形成家校合力,共同关心引导,让阳光洒满年轻的心灵。

策略:

应急处理

生命安全第一位。班主任第一时间赶到现场,了解小斌伤情,视情况决定是校医务室清创、包扎还是立刻送往医院处理;

同时,班主任尽快联系小斌家长,告知基本情况,让其不要着急,可以来学校或者医院协同处理后续事宜;

班主任第一时间将情况上报学校领导，依据《学生意外伤害事故处理办法》或学校相关规定，做好记录，形成初步处理方案；

组织学生清洁教室地面，请学校保洁人员清除残余玻璃，装好窗户，避免二次伤害；同时尽快恢复教室秩序，把突发事件对班级学习氛围的影响降到最低，提醒学生在中考冲刺阶段要专注静心。

后续行动

谈心篇

谈话前准备：和小娜同学、小斌周围同学还有小斌家长进行交流，掌握更多关于小斌的信息，进一步了解事情原委和小斌情绪激动的原因；等待小斌的伤情和情绪基本稳定后，再与其进行交流。

基本策略：在谈话中，教师可以点明不理智行为对小斌自己和班级的危害，但要注意方式方法。如果是单纯指责小斌“不应早恋”、“更不应该意气用事、损坏公物”，也许能起到一时的约束作用，却无助于根本问题的解决。小斌手臂的伤口会愈合，但是他心里的沮丧和失败感很难消除，依然不懂得要反思和正视自我，初三余下的时光他会如何度过，可想而知。

交流的前提是共情，引导的前提是理解。班主任可以尝试询问小斌激动的原因，看其是否愿意向老师打开心门，无论能得到多少回应，都先对其心情的低落表示理解——“成长的路上，难免会遇到挫折或是做出错误的举动。如果遇到了自己解决不了的问题，你要记得你不是一个人在面对。班级的玻璃已经换了新的，你心里的窗户也要擦拭一新，让阳光照进来。”

如果小斌已经清醒，有了悔悟之意，那老师自然可以因势利导，促其静心向学，焕然一新。更大的可能性是小斌此时还沉浸在个人情绪中，对于“爱惜自己、专心学业”这样的劝诫，肯定会难入耳，更难入心的。若是这种情况，班主任不可执意苦口婆心地说教，以免激起小斌的逆反心理。

巧妙引导：《孙子兵法》有云：“以正合，以奇胜。”如果小斌执迷不悟，班主任可以“剑走偏锋”，说“我今天就是来帮你找回你的爱情的”，这样说必然能够激起小斌的好奇，引发他的关注。对话策略如下：

如何让女生觉得你是一个好男孩呢？

首先,养好手臂,尽快恢复上课。将自己收拾得干干净净,精神抖擞地回到班级,让人家看看你的志气。如果被拒绝了就垂头丧气、萎靡不振,甚至做出伤害自己的危险举动,只会让别人觉得“这个男孩真没出息,拒绝他真是明智的选择”。

其次,要让别人看到你的能力和追求。谁年轻时不会犯错,只要坦然认错,坚决改正,就是好样的。未来路还长,从今天开始,让别人看到你学习的状态焕然一新,课堂专注,课下勤奋用功。而且,你是咱们班的体育健将,每天带着班级同学一起锻炼,迎战体育中考,证明自己对于班级的价值。要记住,你越是关注自己、增强自己,别人越是对你刮目相看。

最后,怎么才能吸引优秀的同学成为你的朋友呢?答案就是你要先成为优秀的人。你若盛开,蝴蝶自来。距离中考还有不到300天的时间,如果你奋发努力、成功逆袭,去了理想的高中,那个时候别人眼中的小斌,体霸加学霸,是不是最有魅力的存在?

……

上述是和小斌谈话的一些参考,至于“目标、家人、梦想”这些老师们都已经很熟悉的鼓励关键词,这里不再赘述。班主任的爱心很重要,交流的艺术也同样关键。重要的不是管束,而是唤醒。要善于鼓舞学生,是教育中最宝贵的经验。

行动篇

1. 和小斌父母进行深入交流,了解小斌在家的情绪状态和学习情况,就小斌青春期情感波动的问题进行坦率沟通,建议父母关注其心理状态,多给予关心和肯定,鼓励其上进,对于后期可能出现的反复情况,也耐心应对。

2. 在和小斌进行谈心之后,依照校纪班规,让小斌对毁损的公物进行赔偿,并做出检讨。班主任在全班简要通报处理结果,通报重点是小斌同学已经冷静反思,接下来会和同学一起努力,迎接中考;提醒同学们在任何情况下都要保持冷静,控制情绪,珍爱自己。

3. 和小斌的谈心只是开始,在后期的初三备考时光中,还要不断给予他学法指导和精神鼓励,将其注意力转移到中考目标上来,同时在班级体育中考备考训练中多让其发挥特长,让其感受到自己的价值,在班级营造互帮互助的学习氛围。

4. 召开“扬起青春的风帆”主题班会,坦率谈论青春期的情感话题,启发学生思考:青春的真正含义是什么?什么才是当下最重要的事情?为什么王尔德说

"爱自己,是终身浪漫的开始"?

开展《简·爱》名著阅读研讨会,在为中考语文蓄力的同时,也传递正确的爱情观和价值观。

在紧张的初三冲刺时光,依然适时开展有意义的集体活动,一方面能引导男女生健康交往,另一方面也能缓解初三学生的学习压力和焦虑情绪。

5. 召开"花开有期·珍爱生命"主题班会。

借助新冠疫情防控的新闻或纪录片,让学生感受到医护人员为了保全每一个生命,做出的巨大努力和牺牲,由此感受到生命的珍贵。

请同学问问爸爸妈妈,自己出生那一天,父母和亲戚朋友有多么高兴;和家人、同学一起回顾自己小时候到今天的照片、视频,感受一路走来的欢笑和泪水。有许多爱你、呵护你的人,才有了现在的你;无论遇到多少压力,都要记得有人一直在默默爱你,而你是多么珍贵和值得被爱,所以我们应该珍视青春,奋发努力,书写灿烂的青春画卷。

借助刚刚结束的北京冬奥会、残奥会,用徐梦桃屡败屡战却坚持不懈,40 岁终获冠军的故事,以及身残志坚、让生命焕发光彩的残奥会运动员的励志人生,对学生进行挫折教育和生命教育。

6. 在九年级冲刺阶段,给孩子们推荐一本人物传记:张宏杰写的《曾国藩传》,用曾国藩"资质平常、历经坎坷却拙诚坚毅,最终成为晚清中兴四大名臣之首"的经历,在学生的心田播下坚毅执着的种子,鼓励学生迎难而上,自强不息。

(宣宜蒙)

爱惜芳心莫轻吐
——对陷入“青春期恋爱”学生的引导

案例：

小娟来到办公室悄悄告诉你，班里的小辉和小雪好像“在一起”了，他们每天放学一起回家，听说还互相写信。小雪是个单亲家庭的孩子，妈妈一心望女成凤，生活上全力照顾，期待孩子能考上本地最好的高中。临近中考，小雪成绩和情绪都不太稳定，妈妈也一直比较焦虑。

你告诉小娟，自己会尽快了解情况，让她不要再和其他同学这件事。当天放学，你在学校附近的公车站，看到了小雪和小辉牵手等车。这时，作为班主任的你，该如何应对？

分析：

这个案例主要包含了三方面的教育问题。

1. 青春期的情感引导。

花季少年，情感的花朵开始萌芽，对异性同学有朦胧的好感，这在初中阶段是正常现象。除了常见的相互吸引之外，学业压力的增大，亲子关系的紧张，让青少年渴望找到情感依赖，也是引发青春期恋爱的原因之一。

十四五岁的少年，还很难区分“喜欢”和“爱”，但情窦初开的他们往往会对这份情感异常重视，常会因为相处中的愉悦或被冷落而患得患失，甚至魂不守舍。个别学生会因为头脑发热，有亲昵的举动。引导学生正确面对青春期的情绪波动，用理性控制情感，宁静自律，把精力放到学业上来，是初中班主任的必修技能。

有数据统计，孩子出现“青春期恋爱”现象，多半是因为家庭陪伴、关爱的缺失。所以，在学生进入青春期后，班主任很有必要和家长多一些沟通交流，帮助家长提升教育理念和教育技巧。

老师可以利用家长会、家校沙龙、家访等方式让家长了解孩子进入青春期后的特点以及和孩子交流的注意事项，帮助孩子健康度过青春期。如：给孩子营造一个有安全感、温馨、幸福的家庭氛围；关注孩子的心理状态，善于倾听，给孩子以充分的信任感；周末要抽时间陪伴孩子，尽量成为孩子的“大朋友”……

2. 对单亲家庭子女成长的关注。

案例中的小雪，母亲在生活上尽力满足小雪的一切需求，在学业上对其抱有高期待，没有考虑到自己的满满关爱和高期待带给小雪的压力。小雪不稳定的成绩，可能就是承受压力的表现。因为“关爱”和“期待”而引发的焦虑，会促使孩子在外界寻找释放压力的窗口，和同龄人交往的轻松感，和被关心、被喜爱的价值感，能在一定程度上释放负面情绪，获得愉悦。

说到单亲家庭，家长经常因为没能给孩子完整的家庭而产生愧疚弥补的心理，在生活上过于疼爱；或是因为个人家庭不幸，而时常在孩子面前哀叹甚至埋怨、哭泣，让孩子在压抑的环境中成长；还有因为另一方家长的缺位，要么对孩子疏于管教，要么单方面管束过严，引发逆反和亲子矛盾……这些教育行为都容易使孩子的身心成长受到损害，所以班主任要积极关注单亲家庭孩子的成长，多一些关心和鼓励，让学生走向阳光和自信。

3. 班级健康氛围的创设。

从案例中小娟找班主任汇报一事来看，班级同学已经关注小辉和小雪的交往，此时班主任一方面要巧妙引导，避免班级形成传播“八卦”新闻的风气；另一方面也要将个体教育和集体教育相结合，对整个班级进行青春期情感教育，促进学生的心智成长，营造积极健康、备战中考的班级氛围。

策略：

教育理念是教育行为的出发点。青春期少年对异性产生好奇感和接近的愿望，这是一种正常的心理现象，班主任可以理解。对于学生之间朦胧的情感，只要没有过激行为或显著影响，班主任可以不过分干预，而是从思想引导入手，也就是要“外紧内松”——对于学生内心的情感萌动，不要如临大敌、急于劝阻，而是春风化雨、循循善诱；对于学生的外部行为，要求严格，保持距离，保障班级学习风气的纯正。

但理解并非赞同,开明不代表支持。如果学生的行为开始有亲密的表现,产生了班级影响,对个人学业发展不利的时候,班主任还是要积极介入。

仅仅靠语言来劝阻是不够的,要进一步了解学生的心灵世界。这个孩子真正需要的是什么?是缺乏亲情关爱还是友情温暖,或是学习压力太大,需要释放和疏导?班主任不应该仅仅是督察员,而应该是学生的精神关怀者。

处理原则:尊重学生,保护隐私,唤醒心灵,鼓励奋进,正面教育和侧面暗示相结合,把对他人的喜爱转化为增强自我的动力。

具体措施

1. 当时应对。

在公车站,可以假装没有看到两个孩子,避免女生因为窘迫而做出不理智行为。同时可以假装大声打电话,让两个学生察觉到班主任,两个孩子应该会主动松手,悄悄离开;然后班主任另找机会,分别找两人谈话。

2. 谈心交流。

谈话前,联系家长了解孩子在家里的情绪状态,找任课老师了解两个学生的学习情况;和班委交流,侧面了解小辉和小雪的情况以及班级对这件事的关注程度;分别找两名学生谈话,侧重点各有不同。

创意行动:从水果店买个青苹果给学生,看他是否愿意品尝。如果他拒绝,那就问其原因;如果他尝了一口,就问其味道。

点拨:过早摘下的果实,只能是酸涩的。要学会等待,果实只有在成熟的季节采摘,才有可能收获甘甜。

谈话参考:

①不急于定性:现在班级里有同学反映你和××来往过于密切,我觉得他们可能有些多想了,你觉得呢?

②如果学生坦然承认进入早恋状态,教师可以表示理解,然后真诚交流,引发其思考和觉醒。

与女生谈心

老师理解你内心的感受,但是相信聪明的你也一定明白,现阶段什么是最重要的事情?也许妈妈对你学习的要求急切了一些,但是你能感受到她的用心良苦吗？经历过社会风雨的妈妈，深深明白女孩子只有奋发努力，才能为将来的独立和幸福打下基础。

现在的你，也许有一时的甜蜜，但是问问自己，真的开心吗？喜欢一个人，就是把决定自己心情的权力交给了别人，内心常常不能宁静。学业如此紧张，短暂逃避之后，可能会有更大的压力，还要费尽心思瞒着妈妈，经常承受同学们的议论……这样真的快乐吗？

我们每个人都有爱的权力，但是要注意爱的时机，在最宝贵的青春时光，学习成长的黄金时间，分散心思和精力，是明智的选择吗？爱别人之前，先学会爱自己。真正的爱，绝不只是取悦他人，而是要让自己成为优秀的存在（曾经有新闻报道，高中女孩为了爱情荒废学业，高考落榜，男生考上大学后却最终离开了她）。

花开得早，常常就不会结果。对女孩来说，矜持是美德，要学会保护自己，自爱自强，别人才会尊重和珍惜你。人的一生虽然漫长，但是紧要处往往只有几步路，尤其是当人年轻的时候。暂且放下情感，做个理性清醒的女孩，把握当下，未来有属于你的舞台在等待，专注、踏实、坚毅，你一定能拥有幸福的人生！

与男生交流

男子汉要有责任感，要能自律。真正的关心和帮助，是在紧张的中考冲刺阶段，不让她分心，不影响她的前途。你以为带给她的是甜蜜和美好，但实际上让她背负了巨大压力。带给她的是成绩下降的惶恐，甚至还有家人知道后的责骂……这不是爱，而是自私的表现。“爱一个人是让她成为更好的自己，而不是让她失去整个世界”。

目前自己尚且不能独立，有什么资格对人家许下幸福的承诺？你的家人对你的期待还记得吗？他们的幸福要依靠谁呢？

想给他人幸福，就要让自己变得很优秀。你觉得自己现在够优秀了吗？那咱们应该怎么做？男子汉大丈夫，要对自己和他人负责，拿得起放得下，我相信你有这个魄力。

退一步说，人生的路还长，你和她的眼界会更加开阔，到时候遇到更合适的人选，当初的海誓山盟又如何收场呢？细水长流，真正的爱经得起时间的考验，又何必急在一时。当务之急，先要努力进入理想的高中，未来才有无限可能。

初三余下的时光，安排好自己的时间，将注意力投入到中考冲刺中来，明确自己的目标，努力的你一定会梦想成真。

③如果学生不承认恋爱：

好，老师相信你们有把控自我的能力。

你们的关系老师不去界定，但是你要明白：人际交往有四种距离，其中30厘米为亲密距离，这种距离只会出现在恋人或者亲子之间。如果不是这种关系而又处于这种距离，必然给心理上带来不愉快，也让他人误解。

如果不想引起误会，那就保持距离，对自己也对别人负责。生活在班集体，言语行为要符合公共场合的规范，符合校纪班规，否则老师和同学都会觉得尴尬。聪慧的你，一定不会让自己难堪，对吗？

临近中考，宁静专注，才能获得最后的胜利。

3. 行动跟进

巧妙引导，任务驱动：让陷入“青春期恋爱”的一名学生参与“中考百日动员大会”的筹备——主持人或者是撰写宣誓词，在准备过程中，学生自然会感受到时间的紧迫和自身的责任。

家校携手，关爱引导。班主任和两个孩子的家长取得联系，交流情况后，建议家长冷静应对，既不能焦虑训斥，也不能漠然无视，而是真诚沟通，侧面引导。建议家长从单纯的关注分数中走出来，更多关注孩子心理和情绪。中考前家长要努力营造宽松、温馨的家庭氛围，用陪伴和关爱来激励孩子，促使其专心努力。

纯正班风，自我教育。教育应该是问题发生前的未雨绸缪，而不是问题出现后的匆忙补救。防胜于治，疏胜于堵，打造健康向上的班级文化、营造纯正的班风，是从班级建立开始就要进行的重点工作。

有计划地通过爱情文学作品阅读分享，如舒婷的《致橡树》、苏霍姆林斯基的《给我未来女儿的信》、夏洛蒂·勃朗特的《简·爱》等，引导学生思考和讨论“什么是真正的爱情”、“怎么才能做到自尊和自爱”，在师生对话、生生交流中实现自我教育的目的，以期达到教育无痕、润物无声的效果。

适当开展课外活动，在集体活动中引导男女生健康交往，缓解学业焦虑和独生子女的心理孤独感。在活动中，让学生感受到班集体团结友爱的温暖力量。班级要实现评价方式的多元化，让每位同学都有被认可、被表扬的机会，提升同学在集体归属感和个人价值感。

班级还可以请心理咨询师或优秀家长，开设青春期情感课堂，帮助学生提高认识，正确理解什么是“爱”和“友谊”，提高学生的自我保护能力，在美好的花季雨季，“爱惜芳心莫轻吐”。

梦想之花，心田盛开。召开“突出进步生表彰会”和“学习方法交流会”，在班级表扬那些心态稳定、学习劲头足的同学，树立身边的榜样，激励学生全力备战中考，心怀热爱，奔赴山海，将学生的注意力引导到学业上来，让青春的心田开满梦想之花，也就压缩了“杂草”的生长空间。

总之，情感的问题还是要靠情感来解决。营造良好的额班级氛围，建立良好的亲子关系、师生关系和同学关系，多一些交流引导和真诚鼓励，是所有策略生效的前提。

（宣宜蒙）

初中段

▶▶▶ 校园生活篇

做一束光吧

——学生心中没有他人、集体，怎么办？

案例：

镜头一：一日早间，学生会同学例行检查校园卫生，在二楼男厕所洗手池里发现了一袋垃圾，领导把图片拍在了教师群里，我发现其中一张纸是我班同学的席卡。我到班级一调查发现，原来那个看起来很乖顺、成绩也很拔尖的小男生“聪明”到提醒值日生：没必要绕那么远去倒垃圾，不如直接丢在厕所，反正没有人看见，而且第二天保洁阿姨自会处理。

镜头二：一家长特意来校和我申诉，不愿意让孩子继续担任劳动委员，说了一堆理由。我建议说，我想听听孩子自己的想法，然后再做决定。按照我以往的经验，这样的请求一般都是家长的一厢情愿。谁料想，孩子第二天就来找我了，坚决地表示不愿意当劳动委员，直言劳动很辛苦，而且耽误了她的学习。

学生心中没有他人、集体，身为班主任，怎么办？

分析：

这是新生开学一个月发生的几件事，接着，我又观察到：坐在后面的同学说眼镜度数不够、视物模糊，我动员大家想想办法，无人吭声；上课铃响，黑板还没有擦干净，一问原来是值日生今天请假了，其他同学一副“事不关己高高挂起”的姿态……短短一个月，这些新生的表现，让我对“00后”有了新的认知：他们自我意识强烈，关心他人、服务他人的意识还比较淡薄。我希望班级能有“让我的存在能够给别人带来温暖”的氛围，可是在与他们“交锋”的过程中，我发现，空洞的说教难以改变他们渐已形成的价值观，即便他们是惧于老班的威严一时屈服，可是强扭的瓜终究不甜。

理想的德育是触动学生灵魂的教育。它意味着一棵树摇动另一棵树，一朵云推动另一朵云，一个灵魂唤醒另一个灵魂。这就是说，对学生进行教育的过程是灵动的、而不是静止的，是让学生在积极、快乐、主动地参与各种德育活动中得到浸润和内化的，是“润物细无声”的教育。让孩子在体验中感悟、收获，从而形成内心的信仰，成为孩子成长的芯片。

青少年生活在社会群体中，社会生活需要人们遵守某些特定的规约和核心价值，如“责任担当”“尊重他人”“关爱集体”“互帮互助”等。但由于生活经验的缺乏和所处的生活环境、生活方式的不同，这些价值观很难通过说教被他们认同和接收，需要教育者创设相关生活情境并加以适当的引导，积极利用身边一切资源和契机，让学生于各种实践活动中体验德育的润物无声，使他们在情境中感悟、理解，从而朝向善的方向发展。

策略：

正面管教，正向引导。

正面管教是一种既不惩罚也不骄纵的管教孩子的方法。孩子只有在一种和善而坚定的气氛中，才能培养出自律、责任感、合作以及自己解决问题的能力，才能学会使他们受益终身的社会技能和生活技能，才能取得良好的学业成绩……

我拿着手机穿梭在学生们的生活、学习的空间里，“随手拍”成了那段时间我工作的重心。拍完以后，我再稍作整理，利用中午、晚上放学，或者课前课后的“微时间”，随时分享班级同学“正能量”的照片，每次确定一个“微主题”，比如，“我是班级的小太阳”、“责任伴我们同行”、“长大意味着担责”等等，以正面舆论引领七年级同学明白“在合适的时间合适的地点做合适的事情才是正解”的理念。渐渐地，班级、校园里目之所及的垃圾，有同学愿意主动捡拾了；黑板忘记擦了，也会有同学自告奋勇冲上讲台了；同学之间出现小摩擦，也会有同学热情劝说理性解决了。班级的正向舆论力量越来越强大。

巧用契机，义卖育心。

叶圣陶先生曾经说过：“教师之为教，不在全盘授予，而在相机诱导。”教育契机经常出现而又稍纵即逝，它需要教师有敏锐的眼、迅疾的手、睿智的脑、勤快的嘴。那段时间恰好在朋友圈看到一条触目惊心的新闻:河南退伍军人创业屡败屡战,养过猪卖过蒜种过瓜……早已负债累累的他虽逢西瓜大丰收却遭遇滞销,听说合肥市场好,千辛万苦下兜兜转转中终于觅一售瓜点,就在售卖的第一个夜晚,他和怀有身孕的妻子却遭遇四位酒徒的暴行,一边是在医院接受治疗的妻子和她腹中仅有 2 个多月的胎儿,一边是还有 20 万斤西瓜的滞销,还要支付人工费、运输成本费……职业的敏感让我顿觉教育的契机到了,我稍作思虑,就把这则新闻转至家委会群,并简要地做了宣传动员,短短半天就有 30 多位家长捐出善款,家委会骨干成员还携善款购水果奶粉带上几位学生前往医院探望。

教育止步于此还远远不够,我深入一想,除了同情以及捐助,我还可以做什么?我可以以此契机对我的学生影响些什么?这是不是一节可以开在校外的班会课啊!于是我尝试着提议家委会主任与河南小伙沟通,能否让孩子们再进一步,于体验中感受挣钱的辛苦,也以自己的行动来表达咱大合肥人,咱博雅 5 班同学的温暖。成功谈妥后,一大卡车西瓜运来了。第一步,卸瓜。第二步,宣传并吆喝着生意。第三步,分工明确,各司其职:擅长美工的孩子负责在活动黑板上"宣传",画画的画画、写标语的写标语;数学计算能力强的孩子负责收款(他们居然还能想到把微信、支付宝二维码打印出来张贴在黑板右上角);两个力气大的男生更是主动请缨"送瓜上门"服务……第四步,寻找外援,扩大影响。孩子们卖瓜的义举在社区引起了轰动,社区又帮我们增设了几个摊点,还帮忙搭建平台,西瓜还被送到了福利院、坚守岗位的清洁工手中……结果可想而知,一卡车的西瓜在孩子们卖力的吆喝中提速售罄,孩子们原定的浪漫"守瓜之夜"也泡汤了,虽然留下了些许遗憾,但孩子们对这节开在合肥大地上的班会课大呼过瘾,都表示此举既温暖了别人又芬芳了自己。

趁热打铁,升华教育。

因为是假期,部分同学在旅行或者补课,没能亲自参与到这项活动,我希望把这种正能量在班级热烈宣扬并影响到他人。新学期第一课,我就组织召开了围绕这个活动的主题班会。首先,我邀请班级特别能生动表达的同学李郡彤绘声绘色地再现事件经过。其次,安排六个小组的核心组长借助图片等资料畅谈参与活动的感受和体会。犹记得这几个学生的发言——曹颜说:当我代表同学和家长把捐赠的钱和物资递到叔叔阿姨的手上,他们一个劲地感谢,让我觉得帮助别人自己也很温暖。李凌峰说:我是一个胖子,一到夏天就躲在空调房里,啃着西瓜吹着冷风惬意得很,却从未想过我爸爸也是胖子,他顶着烈日上下班、冒着酷暑在厨房做饭的艰辛。这次义卖西瓜虽然是为解别人的燃眉之急,可是我也真正懂得了为他人着想的意义。李彦辰和郑子涵抢着说:我俩平时在班级坏事真没少干,同学不喜欢我们,老师也经常批评我们,我们从未想过是自己的原因,一度很愤恨同学和老师。通过这次我俩合作送西瓜上门服务,大大提升了我们义卖的效率,同学们不吝啬地表扬我俩,山庄的居民夸我俩懂事能干。那一刻,我们发现,做好自己才能迎来别人的尊重,你变了世界就变了。发言在继续,我环顾教室,发现原本有点躁动的班级宁静了,甚至还看到了个别女生眼里闪烁的泪光。最后,我适时地推送了一组小视频——它们是我平时留意班级学生表现而有心留下的资料:教室地面赫然躺着一张废纸,同学们跨过来走过去,很久不见一人弯腰捡起它;管班级钥匙的同学干了一个月就找借口撂挑子了,然后其他同学各种推诿,就是因为管钥匙意味着得比别人提早到校,多累啊;俩同学闹矛盾扭打在一起,看客者众劝解拉架的少……此刻派上了用场。我让他们针对身边发生的这些小事发表看法,有了前面诸多现身说法的铺垫,关键是孩子们有了真实体验的感同身受,很多价值观的抽象道理自然就易于接受了。这节课的下课铃声早已响起,可是讨论仍在继续,班级的温度在不断被升腾。

延伸课外,凝聚光芒。

不仅如此,我还抓住一切契机,巧设情境召开主题班会:春天,我和孩子们徒步徽杭古道,在触摸古道的同时,体验师生情、生生情、亲子情的温暖和价值;劳动节,我们组织学生积极为学校、家庭、楼道、社区做一件好事,感恩他人为我们服务的情义,并学着以微薄之力回馈他人和社会;假日里,我们组团看纪录片《厉害了,我的国》,孩子们观影前,合作搜资料、发传单、做演讲,不亦乐乎……

渐渐地,我发现班级有温度了:事事有人干、件件能落实了。那个厌恶地面脏有洁癖的男生居然能在体育课上帮助同学清理呕吐物了;那个娇滴滴的女生主动请缨看护班级的花花草草了;得水痘的几名同学在操场补考体育,只听见教学楼这边一浪高过一浪的加油呐喊,还有女生们送下来的矿泉水和鼓励;最感动的是,七年级下学期的年级足球比赛中，冠亚军决战点球大战前，我班的啦啦队自发扛着博雅班的班旗绕场跑，先是一个，接着三五个，再是一大群……我们班的队员们拿下了冠军，我也看到了孩子们身上价值观的悄然变化——责任意识增强了，心中能装着他人了，争做他人的一束光已成了班级的常态了。

（黄　峥）

“疏”比“堵”要好得多
——如何开展校园安全教育活动?

案例:

最近,班级里接二连三出现这样的现象,具体如下:现象一,体育课上小夏和小杨在打篮球时发生争抢,小杨一个不小心把小夏的手指头给扯了一下。大家都以为没事的时候,医生却告诉小夏,他的手指骨折了。现象二,一个雨天的课间,小黄在走廊玩耍时不慎摔了一跤。起初他说不疼,后来却说很疼,一检查,右腿的脚踝崴到了,需要打石膏。这样的现象在一个月中已经出现了七八次。此时此刻,身为班主任的我有点着急了!

分析:

安全教育工作一直是每个学校工作的重中之重,但是每个学校,每个班级的情况都不一样。

因此,在遇到这样的问题时,我们必须要细致了解、深入分析和深刻思考这种现象背后的问题。第一、二位学生受伤的时候,班主任可能觉得只是意外,然而在一个月内这样的情况出现了七八次的时候,这就不仅仅是个意外了。

经过仔细地观察和认真地思考,我发现了出现此种现象的原因。从表面上看,这样的“意外”都是发生在男生身上(班级里,男生比女生多了10个人);这些“意外”都是在动态情形下发生的,无法预知和适时干预后果,面对这些“意外”,学生们似乎并不害怕,而且屡屡踏入“危险区”。

我深入思考这种现象后发现了自己平时工作中的不足:一是表面上,我对学生的安全教育工作虽然是做了,但更偏重口号教育;二是对于学生的管束比较严格,导致学生们在脱离了我的管束范围之外变得更加放松,因而“意外”屡有发生。根本上说,我还是没有给予孩子们足够释放激情与活力的时间和空间,没能让他们达到“动如脱兔,静若处子”的平衡状态。怎样才能把安全教育落实在实处?怎样才能让学生把安全常放心中?这应该是学校安全教育最根本的落脚点,也是班主任工作的一个极大挑战。

策略:

每个学生牵涉的是一个家庭,家庭稳定了,社会才能稳固,因此安全教育意义尤为重大。校园安全教育应防患于未然,对此,我主要从以下几个方面着手:巧用班会谈安全、应急处理稳局面、仔细观察定对策、释放力量缓躁动。

巧用班会谈安全

既然孩子们的这种活动本身都是无害的,都是自身生理成长所带来的自然的行为,那么班主任就不能一味地打击和压制,而应该顺势引导。但是这些无害的活动却给孩子们带来了很多意想不到的伤害,那么安全教育就必不可少了。怎么进行安全教育呢?这时的孩子,如果单纯地和他们说“不要这样,不要那样做”的话,他们是压根听不进去的。于是,我找到一个切入点——利用物理课上学到的“力的作用”来开展一节主题班会课!这节班会课就以“力的力量”为主题。当我开场亮出题目时,学生们很诧异,纷纷展开讨论。可我以“小白”的身份而登场,我首先说:“其实这节课就是你们物理课的一个延伸,也是我的一个好奇所想。老师想知道,我们平时说的‘力与反作用力’到底是怎么回事?”同学们跃跃欲试,说出自己所想。我说:“这样吧,咱们理论的东西都不陌生,要不我们把理论转化为实际呗!”同学们很兴奋,我接着说:“咱们每一组选出一名同学,总共八名学生,然后上来按照各自觉得各自力量的大小从大到小依次站好。”同学们仿佛也猜到了我接下来要做的事情,纷纷都选出自己这组力量比较大的同学。等同学们站好后,我就拿出一根木棍,让孩子们自由组合成两人一组,进行拽木棍比赛,谁先从对方手里拽出来谁就获胜;然后再从中选出力量较大的同学再比较。在进行这个比赛的时候,班级里首先要腾出一个较大的空场地。在比赛的过程中,有的同学被摔了个四脚朝天,有的同学是跌跌撞撞撞在别的同学的身上,连带着一大片同学都要摔跤。比赛结束后,就在大家还在热议谁的力气大的时候,我趁热打铁地说:“同学们,虽说力与反作用力是成正比的,但是我们平时在玩耍、拉扯的过程中是没有办法做到均匀发力的,而刚才的结果大家也都看见了。有谁能告诉我们平时课间在活动时要注意点什么吗?”“在玩耍时不要用力过猛”、“不要玩危险的东西”……大家各抒己见,畅所欲言。

应急处理稳局面

安全教育虽然进行了,但并不等于不会再出现安全事故了。就上面的案例而言,小夏和小黄同学的受伤是我们没有想到的。此时,出现问题,应慎重对待。在小夏的手指疼痛的时候,我第一时间从班级的药箱里拿出云南白药气雾喷剂进行应急处理。因为没有发生明显的破损,所以暂时没有去医院,但是处理完了后,我立刻和家长进行电话沟通,叮嘱家长第一时间带孩子去医院检查。在小黄同学受伤时,我先安顿其坐下稍事休息,再给家长打电话,最后初步检查孩子的腿是否能够自如活动。我等家长来接孩子时,对所发生的事情进行客观的陈述,安慰孩子和家长的情绪。我在两位孩子受伤时期也进行关心和照顾,直到最后走保险手续的时候,都给了孩子和家长很大的帮助。

仔细观察定对策

处理完了两位同学的意外情况之后,我注意观察平时课间学生们喜欢做的事情、活动区域、动作幅度的大小等情况。

通过翻阅查找相关资料我了解到,处于青春期的男孩正处于身体迅速生长的时期,此时的他们肌肉骨骼发育很快,在神经系统、肌肉力量等机能方面,在速度、耐力、灵敏度等身体素质方面,变化都很大,身体的各种激素都在相继增加。青春期的孩子爱动并非是坏事,这些运动和活动,可以促进骨骼增长,变粗、增加骨密度,增加骨重量。运动能使他们的肌肉都长得很结实,也能增加肌肉的力量和耐久力,而出于青春期的萌动,一些男孩的活动还可能想吸引异性同学的注意。除了查找了解青春期男生的情况外,我也同时查找女生的相关信息,切实做到防患于未然。经过一系列的观察和分析后,我的心里已经有底了!

释放力量缓躁动

了解了青春期学生的身心特点后,我明白:不让孩子们活动或者限制孩子们的活动是有悖于孩子的身心发展的，甚至会起到因噎废食的反作用。因此，我与体育老师商量，除了体育课外，在课间时间允许的情况下能进行哪些活动。孩子们可以带乒乓球或者羽毛球来学校里，班级里还买了跳绳。下课的时候鼓励孩子们都到操场上去活动，放学的时候，可以以小组比赛的方式进行跳大绳的活动。在体育课自由活动时间内，组织篮球和足球比赛，这些活动都是可以实行并且取得了良好的效果。雨天的时候，就在班级里播放一些受欢迎的广场舞和大家一起练习，比如我们练习了《笑起来真好看》等。经过系列活动后，我突然发现，释放了能量后的他们，坐在班里学习的时候似乎更安静了，课间休息活动的时候似乎又没有那么“遏制不住”了！

其实，班主任在处理学生的安全教育问题时，与其谈其危害性，不如让他们知道什么才是释放活力的有效途径，“疏”比“堵”更能更好地贯彻“以人为本”的教育理念。校园本就是充满朝气的地方，班主任要想方设法引导，让这股朝气变得更有活力更蓬勃向上。只有这样，我们才能构建“和谐、平安、活泼、朝气”的平安和谐校园。

（牛　芳）

一加一大于二
——如何促进学生互助合作?

案例:

七年级刚开学不久,我发现班级的卫生值日总是不尽如人意,不是黑板没擦干净就是地没有拖,或者是垃圾没有清理干净。每次调查,积极作证的学生不少——有告诉我谁没有值日的,有告诉我谁不认真值日的;有告诉我谁干扰值日生值日的。而每次追踪到当事人时,当事人总有很多的理由去给自己辩解。事后我也对相关的学生进行了教育,可是效果并不见好。此时的我,心急如焚,因为班主任如果对一个班级的卫生值日都管理不好,那怎么能够管理好整个班级呢?

分析:

这个问题,表面上看是学生不爱劳动,深入思考就会发现:学生们间缺少互助合作的精神才是问题的根本原因。现在的学生大多是独生子女,他们生活在优渥的环境中。每个人都是家里的小太阳,人都是以他们为中心的,因而也就造成了他们在班级这样一个大家庭里仍然是“忘乎所以”——进行卫生值日时仅凭个人喜好——记得了就值日,不记得了或者有别的事情就忘记了值日。而那些作证的、理直气壮指出错误的学生也只是充当看客而已,即使他们在现场,也没有想着先帮忙打扫完卫生再去告诉老师。他们只是想着报告老师。老师批评那位学生时,有的学生还幸灾乐祸地大笑不已,有的甚至以打小报告为乐。班级成了他们在家庭的缩影。久而久之,这种情形就会变成一种漠然的风气,后果不堪设想。因此,帮助学生树立团结合作、互相帮助的意识才是解决这个问题的根本方法。

策略：

学生间的互助合作不仅能够培养他们的团队意识、集体意识，也能够增进他们与人沟通的能力和解决问题的能力，有助于培养他们健康的思想和独立自主的人格。班主任要循序渐进、多渠道解决这个问题。

巧设班规，灵活变通

治本先从治标开始。既然问题由值日而引发，那么就在现在值日的规定上做适当的修改。原来的值日小组为 7 人一组，每组每个人细致到每一件事情，经过改变，现在的值日小组变为每 4 人一组，一人为组长负责统一协调，其他三人可以和组长一起商量具体分工的事情；如果遇到特殊情况，既可以和别的组员调整值日，也可以在自己小组内进行互相调整。这样一来，值日的小组轮流时间间隔更久点，而且方式也更灵活，既考虑了学生的实际情况也坚持了值日的原则，同时也让学生遇事学会沟通、商量和谦让。

组织活动、家长参与

解决了表面问题后，通过多个活动让互助合作的意识在学生心里全面开花。习惯不是一天养成的，想要学生们学会互助合作必须先从他们的家庭开始，让家庭成为培养学生们互助合作意识的一块沃土。国庆假期，我在班级里组织亲子游——去城北的公园游玩，中午需要自己动手做饭。在做饭时，有的家庭全家总动员，分工明确，合作顺畅，早早吃上午饭。有的家庭却是爸爸或者妈妈一个人忙前忙后，因此很晚才能吃上午饭。因此，我抓住这个契机，对和父母一起帮忙的学生大加赞赏并鼓励，最后请别的同学总结：假设做饭的过程有 3 个环节，这些环节就像麻烦一样，一个人解决 3 个麻烦和 3 个人解决 3 个麻烦，在单位时间内的速度肯定是不一样的。简单的算术题却能解决一顿饭的问题，从而也向学生们渗透了合作的重要性。家长们身在其中，也领会到了我的意图，回家后，积极地配合我在学校的教育。他们利用周末的时间让孩子们做些力所能及的家务，慢慢地，孩子们既养成了良好的生活习惯，也学会了体谅父母。

多面辐射、全员带动

与学生紧密相关的当然是学习。在改变了值日小组、获得了家长的支持后，我首先成立了学习小组,提前与各科任老师提前沟通和商量,确定每科的学习小组。或是语文、英语、道法、历史的背书小组,或是数学的解题小分队,或是田径飞人队等,这些学习小组里有背书快的帮助背书慢的,有跑得快的也有跑得慢的。每个小组 6 人,全班分为 8 个小组,一个月一次进行小组间的比赛,比赛结束后再挑选出进步较大的学生,让他们把经验传授给大家。这样一来,学生们的热情就被调动起来了。他们在帮助别人的时候也在巩固着自己的知识和能力,当他们与别的小组进行比拼时他们的团队精神就被激发出来了。慢慢地,我发现,值日班长没有在讲台上班级也很安静;班里的粉笔快用完时我还没来得及吩咐,已经有同学去学校领新的粉笔了;班里的门闩坏了,学生们在琢磨着怎么安装螺丝……

适时引导、及时干预

各种小组的合作开展着热火朝天,学生们也慢慢学会了互相合作。可是互助合作中的"争抢"和"坐等"现象的出现会滋生另外一些问题,比如班级里小团伙现象和依赖现象。过度合作的小组,组员把荣誉看得过于重要,因而在和别的小组交流的过程中就会出现排他现象。另一种就是小组内组员很享受别的组员的帮助,干脆"躺平",坐享别人的劳动成果。对于这样的现象,身为班主任要防患于未然。首先,在合作小组成立时就要告诉大家,小组过段时间就会根据他们的表现会重新调整;其次每个组员都有自己小组规定的任务要完成;最后,再次强调小组合作的宗旨是:团队精神和合作精神。处于青春期的学生们起初感觉有点别扭,当班主任不断调整小组、调换队员的时候,学生们其实已经切身地体会到了互助合作的真正内涵——互相帮助、互相理解、互相成就、互相谦让。这个过程需要班主任老师的及时干预和有效引导,使得互助合作不会走偏方向。

要想一个班集体团结、强大,互助合作是必不可少的,学生们只有学会了互助合作才能变得豁达、变通、坚强和自信,才能在未来的学习和生活中才会更加轻装上阵。初中阶段是学生三观形成的关键时期,作为初中的班主任,我们除了给学生们学业上的答疑解惑外,还需要给学生们做好人生征途上的导航员,引导他们有着一颗愿意合作、乐于助人的美好心灵。

(牛　芳)

不学礼，无以立
——如何培育学生文明礼仪习惯?

案例：

最近，发现班级里有这样一些现象：学生上课时有的喜欢靠在椅背上听；有的趴在桌子上听课；有的上课时一边听课，一边抖腿，一边转笔；有的听课时一手托着腮，一边跷着二郎腿；学生和老师说话的时候，手插在口袋里；同学们之间交流口头禅比比皆是，甚至在老师面前也“刹不住车”……

分析：

观察了一个星期后，我发现了这些现象也并非是学生们刻意对同学的不友好或者是对老师的不友好。这些现象不是孩子们进初中才出现的，这些口头禅或者不文明的小举动似乎是他们生来就有的，说到底其实就是学生们的文明礼仪习惯没有在前期养成。出现这样的问题与现在的物质生活条件的水平提高有关。丰富的物质条件使得家长们只是一味地满足孩子们的生活享受，而忽视了在思想上合适的引导。学校教育一味地追求高分效应，无形中把成绩好与品德好画上了等号，忽视了对学生们文明礼仪的教育。因此，面对这样的问题仅仅靠及时纠正是远远不够地，“冰冻三尺非一日之寒”，此时要从家庭、学校和社会三者身上找寻原因。“身教重于言教”，此时，班主任的实际行动展示的教育会比简单的说教效果会更好。

策略：

要想改变学生谈吐举止不文明的行为，在学生间树立良好的文明礼仪习惯，需要班主任从点滴做起，滋润学生们的个体的心灵，给学生们一个明确的引领，并要给学生们的表现施以培养的环境，使其自然而然地沁入学生心间，让学生的一举手一投足最终都像是自己与生俱来的气质体现。作为班主任，不妨这样做：

树榜样，立规矩

再好的理论都不如实实在在地行动起来。首先，树立榜样的第一步就是先从老师自身做起。自从发现学生的问题后，我时刻留意自己在学生面前的举止是否文明。请学生帮忙做事的时候，总会用眼睛看着对方真诚地说出“请”、“谢谢”，学生和我问好和到道别时，不管多忙，一定及时做出回应；在和别的科任老师交流的时候，总是带着谦虚的态度并且常用文明语；请学生来办公室交流问题时，我首先自己先坐端正，腰杆挺起来，与学生进行对话时，眼睛不乱看向别处；在上课时用来擤鼻涕的餐巾纸，我会在下课时收拾好，放在纸篓里。班主任要手把手地示范和引导该怎样落实文明礼仪这个“高大上”的定义：弯腰捡起一片纸屑、伸手帮助学生整理衣领、顺手把散落的粉笔整理好、亲自示范如何扫地，等等。当然，这样做的目的不是代劳而是示范。老师在这样做的同时也会示范该怎么样、为什么要这样做、怎样做，因为这个年代的孩子生活在幸福和宠爱之中，他们也许想做，但是却不会做，所以“答疑、解惑”是第一步。同时，这样做也能起到及时纠正的效果。总之，在细微处，要时刻留意、注意着自己的言行举止。

进家庭、互监督

学生的行为是家庭教育的一面镜子。对于初中生来说，平时最主要的精力似乎是放在学习上的，其他似乎可以不管，往往他们留给老师和亲戚最重要的印象却是自己的文明礼仪习惯。学校有《中小学生行为规范》，有老师、有同学去监督和提醒。但是不管哪一种行为，它的培育土壤首先是在家里。通过走访了解，有些学生家长在家里时“口头禅”不断，久而久之学生们也顺其自然就会脱口而出。所以，家庭成员间的“榜样”的树立是必不可少的。班主任让学生以监督员的身份在家庭里开展“家庭礼仪之星”的评比活动。首先，制定调查表，学生们写下在家里看见的三个最不文明的行为。然后，学生们制定出“整改”措施，提出“整改”建议，“整改”人员和“整改”期限。最后，监督执行并打卡记录。一个月后，老师可以收集表格，让学生们分别简要阐述在家里发生的三件印象深刻的行为转变实践。接下来，老师根据表格上出现的一些问题进行家访活动，把孩子们的评价反馈给家长，并通过观察学生们在家里的生活和学习环境，以及观察了解父母亲的言谈举止，了解学生的文明点滴，和家长沟通并指导家长如何教会学生在家里如何做到谈吐文明、举止文明，等等。

开班会，提主题

在学生监督家长改变他们的行为时，班主任可以利用班会课这块主阵地，召开一期以“文明礼仪”为主题的班会课。首先，在班会课上展示一些不同场景的图片对比，有升旗仪式的场合的不同着装的对比；有课堂回答问题举手时的图片对比；有排队不同序列的对比；有洁净教室与杂乱教室的对比……通过这些图片的对比，引导学生们选择出他们心里认为适合和喜欢的场景图。然后，让学生选择一些图片里的情景扩充并表演。让同学们在班级里以无记名投票的方式选出他们心目中的“表演之星”和“文明礼仪之星”，并说出他们的理由。其次，学生们踊跃发言，提出这样的疑问：“怎么才能在不同的场合（分别列举场合）做些合适的举止呢？”“文明礼仪有哪些呢？”接下来，就学生们好奇的一些问题，告诉他们文明礼仪有哪些种类，在什么样的场合该做什么样的事情。最后，学生们给自己制定一张文明礼仪打卡表，监督自己是否能言行一致地去践行文明礼仪的具体行动。打卡表的内容包括：先在班级里设立“礼仪之星”，每周按照出操、个人卫生、上课时的精神面貌、文明用语等方面，请老师打分和学生自评进行评选。再利用“礼仪之星”的榜样示范作用，进行“传、帮、带”，慢慢地带领大家进入教室就要改变自己平时的一些不好的行为习惯。最后，在教室里贴上文明标语并且配以图片，这样更生动形象。

班会结束后，学校内文明礼仪打卡活动和家庭内的打卡监督活动分别开始，定期评比，家校携手，让礼仪之花在校内家内齐开放。

用活动、入心间

除了家里和学校的打卡行动，也要让学生们走出去，走入社会里，让他们亲身感受和体验着身边实实在在的文明礼仪。因此，利用节假日的时间，可以组织学生进行登山、扫墓、毅行、送爱心等活动，让他们通过这些身体力行的活动去感受仪式感、去感受身边的文明点滴。在元旦登山活动中，除了丰富多彩的活动外，每一个活动小组组员手里都有一个垃圾袋,班主任除了要求大家在登山的过程中把自己的垃圾放在垃圾袋里,还建议大家在力所能及、保证安全的前提下把路上看到的垃圾捡到垃圾袋里。在清明祭扫烈士墓时,同学们看见了武警官兵的整齐队列,庄严的表情,自觉地挺直了腰杆,连说话声音都放低了;当看见大学生在烈士墓前庄严地重温入团誓词时,学生们的眼里涌现出了羡慕的眼神。就连平时爱说小话的孩子们此时被大环境一感染,都立刻沉默不语,表情庄严而神圣;等到我们进行祭扫活动的时候,学生们听着讲解员讲着烈士们的英雄事迹的时候,纪律已经不需要我去维持了。这样的活动每每一开展,孩子们的行为礼仪已经不需要用教条的指导了,因为这些文明礼仪已经融入他们的行为中。这样的活动开展的同时,学生们自身的良好礼仪也获得了身边人的赞许,这对他们来说是继续践行文明礼仪的最大动力。

文明礼仪绝不是一个抽象的概念。关注平常的点滴,渗透于平时的一言一行,用身教去感染周围的每一个学生,用言语去激励学生们的每一个文明的正能量,用家长的力量去培育学生行为的土壤,用社会的认可和赞扬不断推动学生们的文明礼仪。只有这样,我们校园的文明礼仪教育才不会落空,我们的文明礼仪之花才会更加繁茂。

（牛　芳）

让孤雁找到方向

——如何帮助“在班级缺乏存在感的孩子”?

案例:

小魏的生日快到了,她问妈妈要600元钱请同学去KTV唱歌,因为班里不少同学过生日都在饭店请客,还有的请同学们去KTV唱歌。妈妈不同意,小魏非常难过和生气,觉得自己过生日不请客在同学中很没面子,不愿意来学校上学了。

小魏上八年级,成绩中等,没有什么文体特长,在班级里是个不惹人注意的女孩,大多数时候独来独往。到了八年级下学期,随着理科难度提升,她的成绩进一步下滑。据妈妈说,小魏在家里开始表现出更多的叛逆情绪。小魏家境一般,父亲在外地打工,妈妈送快递,每天早出晚归,非常忙碌和辛苦。针对这一事件,班主任有何妙着呢?

分析:

一位资深班主任曾经说过:“面对成长出现问题的学生,正确的思维方式不是‘我该怎么做’,而是‘他(她)为什么会这样’!”

从表面看,这是青春期的孩子因为虚荣心强,追求“排场”和所谓的“面子”,不能理解和体贴家长的辛苦,进而引发亲子冲突。但是,仔细分析就会发现这个案例隐藏的深层次问题:

14岁左右的青少年内心渴求的是价值感,他们内心敏感,特别在意同龄人对自己的看法。小魏是一个在班级里缺少存在感的孩子,由于成绩一般,在班级也没有什么表现机会,就像一只离群的孤雁,她几乎没有知心的朋友,心里可能有着深深的自卑感,再加上父母工作忙碌,在家里也缺少陪伴,缺乏温暖的情感支撑。因而,表面看小魏是想办一场生日会,实质上是她内心深处一直渴望被关注和被接纳,渴望能融入集体,有朋友,有欢笑。但是因为年龄尚小,心智还不够成熟,不懂得理解和心疼家人,也不知道怎样才能正确赢得尊重与友情。

另一方面,案例中的父母缺乏对孩子的陪伴和有效沟通,现实生活中不少父母对孩子的“关心”,也常常停留在衣食供给和对考试成绩的要求,鲜有对于孩子内心世界的关注,遇到问题,往往是讲道理,没有对孩子情绪心理的体察入微。家长只有优化教育观念,改变简单说教的习惯,平等的倾听和交流,才有可能走进孩子的心灵世界。

再从班级的角度来看,像小魏这样在集体里缺乏存在感,是很多中等生遇到的问题,也就是我们常说的“奖不到也罚不着”的学生,其实他们同样需要关注、鼓励。尤其是在八年级这个“分化期”,班主任老师的及时介入和正面引导,能有效帮助中等生找到方向,树立自信。

从案例中,我们还可以发现班级有不少同学喜欢办生日会。庆祝生日,原本也无可厚非,但如果班级形成了攀比消费的不良风气,这不利于学生正确价值观的形成,班主任要高度重视,加强引导。

社会上的某些不良消费风气,潜移默化地影响着未成年人。如何引导初中生形成正确的消费观和价值观,让孩子们学会理解家人、正确交友,是每一位班主任老师都需要思考的课题。

策略:

怎么才能让小魏这个“离群的孤雁”,感受到班级大家庭的温暖,回归集体,进而找到她飞翔的方向呢?

如果只是简单禁止办“生日聚会”,或是站在道德高地上居高临下地指责其“不懂事、不体谅母亲的辛苦”和“旷课违反校纪班规”,拿“考不上理想高中”来反面警醒,也许能起到一时的效果,但是也可能会让小魏更加自我逆反,彻底失去上进心。“用兵之道,攻心为上,攻城为下。”

教师家访

目的意图:倾听学生心声,安抚学生情绪,传递情感期待,缓和亲子关系,劝勉学生回班读书。

家访准备：

回顾小魏的学习和活动表现，记录她曾经取得的好成绩和优秀表现，为谈话交流中的赞扬鼓励和树立目标做准备。

借鉴方海东老师的“笑脸温暖法”：班主任搜索班级活动相册，将有小魏笑脸的照片收集起来，做成PPT或视频，家访前发给家长或在家访时适时播放，PPT的最后一面有老师的话语：“你的快乐对老师和同学们来说，真的很重要。”

请班委会同学分科整理小魏缺课期间的课堂笔记，汇总成册，最后一面附上同学们对小魏的想念和问候（不刻意，自然真诚就好），班主任家访时带给小魏。

谈心思路：

首先从“情感唤醒”的角度入手，让小魏真切感受到老师和同学们对她的关心以及对她回归校园的期待，同时引导小魏从家人的角度看问题，体会父母工作的辛苦、挣钱的不易，反思自己的花钱开派对行为是否恰当。苏霍姆林斯基说过：“没有自我教育就没有真正的教育。”

然后从校规法律和安全的角度，说明初中生去KTV的不适宜；

最后尝试从根本上解决问题，肯定小魏的优点和潜力，通过名人成才事例激励她好好努力换来进步，这才是值得骄傲的事情，才会赢得尊重和认可，有更多朋友。

对话参考：

在家学习的这段时间，你还好吗？

同学们都很想念你，你看，同学们帮你把笔记整理好了。

老师问了妈妈你心情不好的原因，我非常理解你的心情和想法，一年一度的生日确实值得庆祝。不过，庆祝的方式有很多种，对吗？最近几年，老师过生日的时候，会下厨烧饭，为妈妈煮一碗面。我妈妈很开心，我也有满满的幸福感。

过生日意味着又大了一岁，而成长意味着更加懂事。你回忆一下，妈妈平时上班是不是每天早出晚归，想想去年冬天她下班回来后的疲惫和辛苦……爸爸在外地打工，妈妈要撑起家庭的生活，还要供你上学，关注你的学习成绩，其实她压力也很大，但是她却没有向你抱怨过，对吗？

国家早就有规定：未成年人禁止在没有家人陪伴的前提下进入KTV等娱乐场所。疫情防控要求减少和避免聚集活动。从安全角度考虑，一定有比KTV更适合的聚会场所。期中考试后,咱们班就有计划去野外踏青。

老师很理解你,想和大家一样都有热闹的生日会,不想被瞧不起。但是你想想,办了生日会就能有很多朋友吗?是不是花了钱,就能换来别人的喜爱呢?社会对于那些花父母的钱消费的“富二代”,评价大多是负面的。

在学校,我们可以和别人比。但比的不是谁家条件好,而是谁更努力,谁的品行好,对吧?只有努力上进、自强不息的人,才能赢得真正的尊重。很多寒门出身的孩子,像马云、俞敏洪等,上学时都是家境一般的穷学生,但是他们把生活的窘困化为激发自己的动力,通过努力奋斗换来了人生的成就和大家的敬佩!

有人说人的一生有两次出生期:一次是我们降临到这个地球时,另一次是知道自己为什么而降临。比生日更重要的,是我们要知道自己人生的意义。其实你一直是老师非常看好的学生,在很多方面都有优点,比如……以后遇到困难,可以告诉老师。也许老师不能解决所有的问题,但至少不会让你独自面对。我们一起努力,只要坚持,你的能量会让你自己都吃惊!

如果上天现在还没有给你想要的,那是在未来为你准备了更好的。以后你考上大学,找到喜欢的工作,不仅能拥有自己想要的生活,而且能让家人因为你的存在而感到幸福,有更多朋友在等你!

预期效果和调整可能:

理想状态下,小魏同学能够被打动,返校上课。

如果小魏同学一时还没有解开心结,班主任也不用急躁,可以给其冷静思考的时间。隔一天再来家访,给小魏补讲自己所教的课程,或者继续为小魏补充课堂笔记,以书信的方式和她交流,以心暖心,水到渠成。

到周末,在疫情防控形势允许的前提下,可以带部分同学到小魏家看望小魏,给她补课,陪她聊天,激发她回到班级的渴望。

班级活动

1. 邀请小魏妈妈在班级和老师同学们一起为小魏过一次生日。班主任亲手为小魏写一张贺卡,全班同学送她一首生日诗,班主任老师送给小魏两本书《绿山墙的安妮》和《简・爱》作为生日礼物(两本都是写家境贫寒的女孩经受磨炼获得成长的励志书籍)。

在集体生日会上，请学生谈谈过生日的真正意义是什么，穿插部分家长讲述孩子童年和成长过程中让自己温暖感动的视频，引导同学们思考怎样过生日才是真正有价值的：感谢和回报家人，在生日这一天为父母做一件事。班主任可以借机提出“每月在班级举办集体生日会”的建议。

2. 在班级选择一名性格品行好、学习能力较强的同学，和小魏结成“学习对子”，并鼓励更多同学结对学习，互帮互助，共同成长。

3. 后期适时开展“富爸爸穷孩子”或是“告别攀比做好自己”主题班会，深化“成才观”和“价值观”教育。让同学们了解很多政治家、企业家的家庭教育故事，大都是让孩子过简朴、自立的生活，让孩子自己拼搏奋斗，赢得属于自己的人生。

必要时，邀请法制副校长、校外法制辅导员在班级开展法制知识讲座，讲述校园攀比、追求高消费引发严重后果的案例，引导学生自律，不擅自出入娱乐场所，加强自我保护。

4. 对像小魏一样在班级默默无闻的孩子持续进行关心帮助。行胜于言，真正的关爱教育，不仅仅是老师的言语鼓励，更是在行动上给予指引。在集体活动中给予中等生更多重要角色，学习上帮助其树立目标，给予学法指导，帮助学生积攒自信。同时，班级建立多元评价制度，让有不同个性和特长的孩子在集体都能找到价值感和成就感，帮助他们收获青春的精彩和真正的友情。

家校合力

1. 加强家校联系，和小魏的父母积极沟通，给家庭教育的建议和方法参考：多陪伴，尤其是父亲，要多与孩子视频通话，平等交流，积极鼓励；了解孩子的学习状况，更要关注孩子的情绪和内心世界，让家成为孩子的港湾和力量来源。

2. 开办班级家长学校或是家庭教育沙龙，请家庭教育指导专家或者有经验的家长分享家庭教育经验，同时推荐《孩子，把你的手给我》、《优质父母教养实践指南》等家教书籍，帮助家长正确地教育和引导孩子，给予孩子自信和力量。

（宣宜蒙）

尊重＋民主＋平等＝和谐
——如何有效化解课堂师生冲突?

案例:

小宋同学,脾气暴躁,语言粗俗,喜欢哗众取宠,在班级经常呵斥同学,不尊敬老师,课堂上还经常和老师顶撞。他生长在单亲家庭,父亲在很小时就去世了,由母亲独自抚养长大。

一次班主任课上,班主任质问小宋作业怎么又没交,并且说不交以后就永远不用交了,小宋大声说:"不交就不交,有什么了不起的。"班主任说:"那请你也别上我的课了。"小宋同学转身就准备离开教室,后被班级同学拉住,班主任被气得一时语塞,面红耳赤。

分析:

上述案例通常发生于校园课堂上,属于常见的师生冲突。发生矛盾冲突的根本原因是小宋同学作业又没交,而发生矛盾冲突的直接原因是班主任在班级质问小宋同学作业为什么又没交。

每一个问题孩子背后折射的都是一个问题家庭,像小宋这样单亲家庭的孩子,身上所表现的种种问题,跟他所在的家庭有着极大的关系,缺少父爱或者母爱的孩子很难像正常的孩子一样成长,往往缺乏正确价值观的引导和规则的约束。没有礼貌,不懂规矩,缺少关爱,久而久之就会问题重重。

而在教育教学中师生的矛盾是客观存在的,师生发生冲突亦是难免的。这反映了师生之间的关系不和谐、不平等。通过上述案例,不难发现班主任对小宋是有一点偏见的,处理问题的方式又简单粗暴,而小宋又是性格上比较暴躁,不尊重老师,所以两者之间矛盾的爆发只是时间问题。

策略：

新型师生关系应该是师生人格平等、民主、相处和谐。它的核心是师生之间的心理兼容和心灵的相互接纳，在师生之间形成一种理解而真诚的情感关系。

在处理这些问题时，我们应该遵循几个基本原则。首先，作为老师，我们应该了解学生，因材施教。其次，尽量避免在课堂上质问学生。如果发现问题，私下交流可以为教师和学生彼此留下足够的空间。第三，教师应该从解决问题的出发点出发。应该是对事，而不是对人。有问题时，在没有充分了解情况就给父母打电话只会扩大问题。最后，教师还应该学会同情和理性地处理存在的问题。

深入研究，分析本质。苏霍姆林斯基说：“尽可能深入的了解每个孩子的精神世界——这是教师和校长的首条金科玉律。”老师只有了解学生的社会背景、家庭环境、性格特点、兴趣爱好、心理变化和身心发展特点，才能为和学生建立和谐关系打下良好的基础。老师应该真正抓住学生的心，走进学生的心里，否则就会四处碰壁，遇到问题不知道如何解决，心里愁苦。

面对小宋这类学生，班主任已经知道了家庭背景、学生个性等，但是如果还是用对待其他同学的方法对待他，肯定是不行的。越是自尊心强的孩子，越是要个别对待，避免正面冲突。以这次作业未交为例，小宋作业不是一次两次没交了，班主任就要思考不交作业的真正原因：是不会写？不想写？还是其他原因？如果是不会写，能不能为小宋降低作业难度，设置分层作业，让他也能找到做作业的成就感。如果不想写，那就是学习动力上存在问题，解决学习动力需要解决很多问题，比如学习兴趣的问题，学习目标的问题等。总之，班主任要深入研究学生心理，每一个学生都是一个独立的个体，万万不可一个模式走到底，一套拳打天下。

用心了解，用爱温暖。“教育不能没有爱。没有爱，就没有教育。”爱是教育的灵魂。只有真正热爱学生，我们才能正确对待和宽容学生的错误，耐心地帮助每一个孩子成长。班主任在孩子的成长过程中扮演着极其重要的角色。此案例中，班主任对小宋同学是有一点偏见的，质问其作业怎么又没交，一个“又”字无形中给小宋贴了个经常不交作业的标签，无形中就将自己对小宋的厌烦显露出来了，也让小宋在同学面前没了面子，失了尊严。作为班主任，无论学生怎样，都要始终保持一颗爱心，把每一个学生都放在心上，就像对待自己的孩子一样。越是问题多多的学生，班主任越是要给予更多的关心和关爱，而不是无比地厌烦和嫌弃。

对小宋同学,班主任可能要倾注更多地爱,因为单亲家庭的小宋已经缺失了父爱。性格上存在一定缺陷是可以理解的,那班主任平时就要给予小宋同学更多地关心和爱。无论学习上还是生活上,让小宋能感受到爱与温暖。立德树人,绝不是一句口号,首先就需要班主任付出自己的真心和爱,温暖每一个花朵。

充分尊重,平等对话。充分尊重孩子是平等对话的前提。它可以让学生感受自尊的存在和师生之间的关系是平等的。一旦他们认为自己失去了自尊,他们就会失去向上的动力,甚至是精神支柱,严重阻碍良好师生关系的建立。反之,他们则会获得向上的动力。为此,我们要尊重学生的一切,采用一切的适当方式肯定学生,鼓励学生。课堂上当众批评一个学生是不可取的,成年人尚且不喜欢被当众批评,更何况是本身自尊心就强的青春期的孩子!小宋成绩不好,在班级里肯定是容易被忽视的那个,脾气暴躁都是内心缺乏安全感的表现,哗众取宠也是为了用另类的方式赢得大家的关注。他只能自己牺牲自尊来博得大家的关注。而班主任在课堂上当众批评小宋,不够尊重小宋,导致他觉得有失自尊,自然就会和老师顶撞。鉴于此,建议所有的班主任不在公众场合批评任何一个独立个体,尤其是在课堂上,当着全班同学的面。我们可以在课后把小宋同学叫到办公室,给他搬一把椅子,让他坐着老师的旁边,面对面交流。我们可以试着这样对话,“小宋同学,老师发现你最近状态不太好,是出了什么事吗,能跟老师说说吗?”如果小宋愿意说,那么老师就认真倾听小宋的诉求,在小宋说话的过程中不打断,并用眼神等和小宋进行交流,表达对小宋的尊重和理解。如果小宋不愿意说,那么就试着聊聊其他的话题,例如小宋感兴趣的话题,拉近与小宋的距离后,再试着让小宋敞开心扉。

挖掘优点,真心赏识。赏识教育的首创者周红,用伟大的爱把女儿从一个被同情的聋哑孩子培养成中国第一个聋哑大学生。她的女儿不仅走出了沉默的世界,而且成为一个健康能言善辩的女孩。赏识教育承认个体差异,允许孩子失败,发现优势并充分发挥孩子的潜能,从而帮助孩子重塑自信,最终使他们成功。

首先,班主任要找到小宋同学的闪光点,找到了闪光点,可以以此入手,为小宋重树自信,使他不至于自暴自弃,自甘堕落。小宋绝对是不缺少批评的人,他缺少的是给予鼓励、表扬让其温暖的人,因此,班主任发现问题绝不能只逞口舌之快,急于把问题学生抓来教育一番,而是细心观察,寻找他们的优点,为转化他们寻找突破口。其次，要多和小宋同学谈心，这里的谈心是指平时就要时不时地找他聊聊天，给予生活上的关怀、学习上的关心。找到闪光点后，进行针对性的激励谈话，帮助其找回自尊，重新树立自信心，进而帮助其遵守规则意识，端正学习态度。班主任还要帮助小宋重塑形象，让同学们对其有新的认识，对其取得的每一个进步，做的每一次转变都要公开表扬，并要求同学们监督、鼓励、帮助小宋同学。

发挥学生的主体性，让小宋主动参与班级各项实践活动，在活动中学会自我教育，并使他的个性得到展示。也可以让其参与到班级的管理中去，为班级多做事，得到更多同学的认可，提升其自信心，感受到来自班级大家庭真正的温暖。

转变观念，换位思考。很多时候，老师和学生的关系因为两者身份的不同，往往是既对立又统一的。当然，教师在其中处于主导地位。所以，要想构建良好的师生关系，关键在于教师自身。作为教师，应该转变观念，学会包容，提高自身素养，提升专业能力，用高尚的师德和人格魅力去感染学生。班主任更是如此，他是一个班级的灵魂。小宋同学在课堂上和班主任顶撞，其实已经暴露了这位班主任的威信不够，至少没有让小宋很信服。这位班主任也要好好反思一下。

其次，应该做好角色的转换，学会换位思考。在新时代教育中，教师不能唱独角戏，舞台的中心应该是学生，教师的任务是相信学生，依靠学生，激发学生。班主任也要努力转变“一手遮天”的思想，学会放手，以学生为主体，多站在学生的角度去想问题。师生的关系和谐了，就能尽量避免应该在课堂上与学生发生冲突。

教师能否正确处理师生之间的矛盾和冲突，关键在于是否充分尊重学生，建立平等、民主、和谐的“绿色”师生关系。只有建立新型师生关系，才能让学生“亲其师，信其道”，让教育能量充分迸发，教育效果不断提高。

（尹毕章）

我们是“好朋友”
——如何预防校园欺凌?

案例:

学生小雅和小林是在军训时认识的一对好朋友。小雅在家娇生惯养,性格活泼;小林父母离异,性格内向。刚开始两个人的关系很好,小雅经常要求小林帮他做事,比如洗衣服。小林觉得都是好朋友,反正自己也要洗衣服,于是就帮忙了。有一次小雅又拿来一堆衣服让小林帮忙去洗,小林因身体不舒服拒绝了,小雅很不高兴。第二天在教室,小雅带着小倩一起找到小林,跟小林说,今晚必须帮我把衣服洗了,小林还是拒绝了,准备离开,被小倩一把拉住,小雅上去就打了小林一巴掌。后来小林回家后将此事告知了妈妈,小林母亲气冲冲打电话给班主任,要班主任给个说法,并且扬言要给小雅一点颜色看看。

分析:

从上述案例可以发现,该情况应属于校园欺凌。小雅利用小林的善良经常让小林帮助其洗衣服,本身就已经在两者之间造成了不平等,因小林内向,渴望维持友谊,所以一再被迫帮忙。这和两人生长的家庭环境有很大关系,小雅是独生子女娇生惯养,在家衣来伸手,饭来张口,已经养成了大小姐的作风。

而小林父母离异,性格内向,好不容易找到一个且很想维持这种友谊的朋友,所以默默地帮助小雅洗衣服,并且毫无怨言。但是一切都有个度,天平的平衡一旦被破坏,那么一定会有一方受到伤害。后来小雅对小林的拒绝反应那么大,就是因为小雅认为这一切都是小林应该做的,拒绝自己让她觉得很难接受,所以才会出现动手打人的恶劣行为。无论是强迫别人洗衣服,还是动手打人,都是校园欺凌的一种表现,对小林的身心都会造成一定的伤害。校园欺凌一直以来都是校园生活关注的热点,网络上关于校园欺凌的案例屡见不鲜,被欺凌者往往身心都会受到严重伤害，又迫于欺凌者的胁迫而选择自己忍受，久而久之会形成懦弱、自卑的性格。欺凌者在没有受到教育和法律惩罚的时候，可能会越走越远，逐渐走上犯罪的道路。所以，学校要高度重视校园欺凌事件，班主任要妥善处理班级内学生欺凌事件。

策略：

陈述事实，明确认识。校园欺凌现象出现的原因，涉及多个方面，家庭教育也是其中之一。有的是家长对孩子的过度宠溺，有的是对孩子的教育充满暴力，还有的是家长角色的缺位，等等。小雅之所以能做出这样的举措是因为父母的过分溺爱，而我们处理问题的目的就是要让欺凌者认识到自己的错误行为并能积极改正。事情发生后，班主任要及时如实地将小雅的行为告知其父母，并且让他们积极配合学校的处理，积极认错，态度诚恳，尽早打消对方家长的怒气，避免矛盾的激化。如果小雅的家长因为心疼女儿而偏袒她，那么问题就会朝着更坏的方向发展。所以小雅父母的态度非常重要，也应该深刻反思。

为此，我们要和家长进行深入地沟通和了解，让家长认识到孩子这种欺凌行为的严重性，深入检讨自己在家庭教育中存在的问题。只有家长正确认识欺凌事件的危害，才能更好地解决问题，帮助两个孩子共同成长。

班主任在和家长沟通前，要做好充分的准备，搜集一些最近发生的校园欺凌案例，并且要了解《教育部等九部门关于防治中小学生校园欺凌和暴力的指导意见》的相关文件精神。充分了解孩子的家庭环境，了解父母的教育方式，分别和两位孩子的家长进行沟通，建议先和小雅家长沟通，让其谈谈对此事的认识，如果家长认识到位，那么处理问题就会比较顺畅。如果家长不以为然，觉得不是什么大事，那么班主任就要依法依规，陈述事实，让家长明白事情的严重性以及处理不当的后果。并且要让小雅接受学校的相关处理决定。当然，这个决定是依据相应校纪校规而来，小雅必须就此事向小林道歉，道歉的方式可以灵活，最好在公开场合，例如班会课。因为小雅的行为是在班级发生的，其他同学都是看在眼里的。公开道歉是为了让全体同学明白这样的欺凌行为是坚决不允许发生的。这是处理此次事件的重点。

然后再和小林的父母进行沟通，表达对发生这样事情的遗憾，诚恳地致歉。

也听听小林父母对此事的看法,尊重家长的意见和需求。好在此事发现及时,没有造成严重的后果,所以在处理时可以灵活些,但对孩子要起到教育警示的作用。惩戒是为了让孩子改正错误,而不是把孩子打倒。

班主任要在班级及时召开一次家长会,主题就是预防校园欺凌,要将预防校园欺凌的相关知识传达给家长,让家长清楚地知道预防校园欺凌的重要性。当然,也可以利用微信、QQ等信息技术手段与家长进行交流,提高家庭教育水平。要让家长摒弃错误的家庭教育观念,树立正确教育观,让孩子在阳光下成长。

以此为戒,班级还可以举行一场关于校园欺凌的辩论赛,让学生搜集整理相关的法律知识,通过辩论赛深入学习法律,了解法律,真正地敬畏法律,知法、守法、护法,学会用法律保护自己的合法权益。

寻求支持,合理解决。班主任一个人的力量是薄弱的,发生此类事情之后,要提高防范校园欺凌的认识,可与学校德育部门沟通,利用思政课即道德与法治课教育学生严守道德底线,适当增加校园欺凌专题的德育课程,让学生知道什么是校园欺凌、遇到校园欺凌时该如何处理。案例中的小雅没有深刻意识到自己经常让小林帮助其洗衣服的行为是一种欺凌,而是觉得理所应当,缺乏法律意识。小林受到欺凌后不敢告知同学、老师和父母,可能也觉得事情没有什么大不了的。班主任在处理此事时,一定要让小雅深刻认识到自己行为的恶劣,也要让小林知道遇到问题敢于及时说出来。班主任将此事上报学校德育处(政教处),借助学校德育处(政教处)的力量。校园欺凌绝非小事,全面调查了解清楚后,学校要召开学生违纪听证会对小雅同学进行相应的处分,听听班级同学对此事的看法和意见。最终决定给予小雅同学适当的处分。

另外,学校要通过家长学校,进行预防校园欺凌的主题讲座,帮助家长掌握科学的教育方法,放弃简单粗暴的手段,明确校园欺凌的危害,知道如何处理校园欺凌事件。家长要放下过分依赖学校的心理,学会主动与学校沟通、合作,共同担负教育孩子的任务。一旦发现孩子有欺凌和被欺凌的行为都要及时和老师沟通,寻求合理解决的办法。

学校还要加强法制教育,定期举办法制大讲堂,加大普法力度;利用道德法制课课堂,向学生普及法律知识,帮助学生树立法制观念,让学生明确法律面前、人人平等的原则。

此类事件常发生在教室或者宿舍，学校可以成立预防校园欺凌专门工作小组。加强校园内的安全巡视，建立值班制度，对特殊时间段进行巡视。班主任也可以在班级设立安全员，及时发现问题，及时向老师报告。

追本溯源，关注心理。从心理层面上说，欺凌者往往不认为自己的行为是错误的，被欺凌者也通常因害怕而默默承受。班主任和学校相关负责人一定要让小雅认识到自己行为是错误的，如果小雅不能意识到自己行为是错误的，那么事情的处理就远远没有结束，而且可能还会埋下更大的隐患，甚至会加倍报复小林。另外对协同的小倩也要进行批评教育。最后，要关注小林同学的心理疏导，班主任要定期找其谈话沟通，做好记录。必要时需要联系学校的专职心理健康老师介入，让其分别对小雅和小林进行心理评估，做好心理安抚工作，避免因为此事给他们带来的心理伤害。另外，学校要开设校园信箱，让学生有一个可以倾诉的窗口，随时得到教师的帮助。学校还应从微小处入手，抓小，抓苗头，从源头上遏制住欺凌问题。

社会担当，齐抓共管。校园欺凌不仅仅是学校和家庭教育问题，它还是一个社会问题，需要全社会齐抓共管。当今时代，网络虚拟世界、电子游戏中暴力情节不断，这些信息常常被学生“吸收”，严重腐蚀着学生的身心健康。而青少年的“三观”未立，很容易受到影响。最直接的表现就是模仿，尤其是那些单亲家庭的孩子。这些孩子长期接触不良信息，很容易走上歪路。所以，学校必须联合并呼吁相关部门，积极整顿和规范文化市场，遏止负面文化对学生的影响，为学生的成长创造良好的社会环境。班主任也可以利用周末时间进行小手牵大手的活动，在社区或者公共场所进行关于预防校园欺凌的倡议活动，让更多的人了解支持。

校园欺凌事件屡见不鲜，轻重不一，但都会给孩子成长带来一些无法磨灭的影响。所以，为了每一个孩子健康快乐成长，应该发挥家庭、学校、社会三者的合力，共同为孩子构建一个屏障。

（尹毕章）

让“学习”不再困难
——如何转化学习困难的学生？

案例：

小李学习态度非常不端正，缺乏明确的目标，自制力差，没有什么好的学习习惯，属典型的学习困难的学生。因为家庭条件较好，父母尤其是爷爷奶奶比较宠溺。最近，小李上课经常迟到，课堂上不是睡觉，就是打闹、说话，甚至在课堂上起哄和顶撞老师；课上没精神，课下异常的“活跃”；作业和笔记从来都不交。

分析：

从上述案例中，我们可以发现小李应属于学习困难的学生。目前，类似小李这样的情况，每个学校都会存在。很多时候老师觉得手足无措，造成小李这种现状的原因有四：一是家庭的原因，如家长片面的教育观念，给孩子定位较低，加上过分宠爱孩子，没有底线原则，更没有帮助其树立起正确的人生观和价值观；二是学生自身的原因，孩子自身的自制力差，没有形成良好的学习习惯，人生目标不明确，对自己缺乏信心；三是社会原因，如社会上不良风气的影响；四是老师和学校的原因，小李同学身上的这些问题，其实早就暴露了，但是老师没有能在需要的时候及时提醒和帮助其改正，或者根本就没能及时地发现问题，进行因材施教，造成问题挤成一团。

策略：

针对以上问题，班主任可以从以下几个方面进行解决：

巧用家访，达成共识。选择一个恰当的时机。尽量不要是孩子犯错误或者表现不好的时候，可以找一个孩子取得进步或者表现不错的契机。在孩子的问题上，老师要尽力帮助家长，而不是指责批评家长。一次家访或和家长沟通一次都是不能解决问题的。家长教育观念的转变绝对不是朝夕之间能改变的。所以一方面，要进行家访和家长沟通，另外一方面要结合身边的案例和家长进行育人观的深入探讨和交流。沟通交流还要常态化，要通过家长学校、家长会等帮助家长树立正确的教育观。

可以先从关爱孩子、助力孩子成长的角度，让家长自己谈谈孩子目前存在的问题以及原因，并说说这样下去的后果。这么做的目的是为了正确而理性地看待目前小李存在的问题，谈谈自己的想法，然后适时地给予相应的建议和意见。比如，对孩子的教育不能无底线，不能一味宠溺，尽快和孩子一起建立相关约定，严格按家庭公约进行。为了小李更加健康地成长，家庭教育观念必要保持一致性。

当然我们和家长沟通时，还要坚定地明确小李是班级的一分子，班级是个集体大家庭。班级里没有一个人是有特权的，大家必须要遵守班级公约，小李也不例外。如果小李违反了规则，则要承担相应的惩罚。从班级管理的角度来争取家长对班主任的理解和支持非常重要，在原则上的问题家长不能退步，不扯后腿，让小李没有后退之路。也让家长坚定地站在老师的一边，为后面对小李的转化做好准备。

明确规则，严爱相济。无规矩不成方圆。班主任在日常的班级管理上，对于小李的日常行为规范(特别上面提到的问题)严格要求，逐步规范其行为，适当惩戒，让他知道违纪后必须承担相应的后果，帮助其树立规则意识，努力规范小李的言行。约法三章后，要让小李不断感受规则带来的约束，明确之前的错误可以既往不咎，一切重新开始。并且经常寻找机会与小李沟通交流。要多听听小李内心的真实想法，学会倾听。倾听，这两个字，说起来容易，做起来或者真正做到位还是有难度的。倾听的技术要求，一是要全神贯注地听孩子说他所要说的，中间不打断，不插话；二是会用表情、眼神、肢体语言等表达你在听孩子讲，与孩子同步，而且是感兴趣地关注地在听，不能一边做事一边听；三是要能够做到听完以后可以复述孩子刚刚表达的内容，而且能够用孩子的原话来复述。如果能够做到这三点，孩子会觉得被重视，被关注，被倾听，沟通自然就顺畅。

接着，试着让小李谈谈自己内心的真实想法。先不要急于发表意见。在孩子倾诉过程中以“然后呢”、“你怎么想的”等疑问句让孩子进行完整地叙事表达，在孩子谈话间隙给予足够的思考时间，全面了解孩子的思考过程是进行有效沟通的第一步。孩子的思考可能不成熟,但不应该被阻止。一旦被阻止,沟通只会难上加难。不要急于否定孩子。因为年龄和阅历的局限性,他们的认识或许是片面的,但这是他们内心的真实反映。如果老师直接否定,会让学生产生挫败感,与老师沟通欲望消退。这也是为什么孩子总和同龄人有说不完的话,因为同龄人给予他们认同感。比起"你这样想不对""你不应该这样做"这些话语,用"我同意你的看法,但是你有没有想过……"这一类认同后再进行反面论证的话语更容易被孩子接受,也更利于老师意见的传达。老师可以和他谈社会、谈人生、谈身边他感兴趣的事情,拉近与小李的距离,建立起对彼此的信任,让他感受到老师的特别的关心和爱(尤其是他遇到"难题"时积极地给予理解和帮助),切记老师的管理是为了帮助其克服学习上的困难,养成良好习惯,从而健康成长,而不是与他作对。

科学分析,建立档案。案例中小李自身的问题很多,老师必须要清楚知道问题的根源是什么,必要时可以寻求心理老师的帮助,从专业的角度去分析小李同学身上存在的问题,寻求科学的解决策略,及时帮助他疏通心理上存在的障碍,形成健康的心理。并且可以通过一些挫折教育帮助其增强克服困难的勇气,然后帮助他树立正确的学习目标,端正学习态度,最后树立正确的人生观和价值观。接着为小李建立个人成长档案,记录每天的学习和生活,记录自己的成长轨迹,这既是对小李同学成长的留痕,更是对小李转变的督促。

发现优点,建立信心。对于学困生的转化要把握三个原则:首先,相信学习困难学生成功的潜能,相信他们的成功欲望;其次要开发他们的潜能,注重非智力因素的培养,帮助他们克服失败者心理,激发起内部动力机制(引导学生把进步归因为自己的努力);再者,潜能开发从学生实际出发,低台阶、小步子、多活动、快反馈;最后,要坚持鼓励性评价,从学生原有基础出发,追求原有基础上的发展,发现和肯定学生每一点进步和成功。

通过教师细心观察发现小李的亮点,比如喜欢运动、乐于助人等,或者其他方面的特长,比如音乐、美术、绘画等。每一个学习困难的学生都不是一无是处的,及时和课任老师沟通,在他感兴趣的方面对其进行特别的辅导。老师利用课下时间帮助其补课,使其在原有的基础上有进步,让他认识到学习并不是十分困难的事情,只要努力和肯学,是可以提高成绩的;如果其他方面有特长,比如音乐方面的特长,班主任可以建议小李,选择学习音乐,未来走艺术生这条路,而且可以一直做自己喜欢做的事。及时对他取得的每一次进步，大力表扬和鼓励，利用班级组织的文艺活动，比如歌唱比赛，以及元旦晚会、文化艺术节等文艺活动，展现其音乐的特长。可以让他为班级编创班歌，获得班级学生认可的同时增强他的自信心；鼓励他从感兴趣和相对容易的科目入手，根据其特点布置“特别的作业”，并给予学习方法的指导。在各科老师的帮助下，逐渐培养学习兴趣和习惯。让他能体验进步和成功带来的喜悦，感受学习不是他所想象的那么困难，学习是一件愉快的事情。帮助其不断增强自信心和克服困难的勇气。同时也要提高自己的教学水平，让自己的课堂更具吸引力，使学生感受到学习是一件很有意思的事情，感受到终生学习的必要性。勤奋学习是值得的，辛苦付出也是值得的。

同伴互助，共同进步。在班级建立学习共同体，采用兵教兵，兵带兵，鼓励班级学生互助，对小李同学实行一对一帮扶，让组长带领小李共同进步。根据青春期学生的发展特点，同伴互助的力量往往比老师和家长所起到的作用还要大。很多潜能生的转变，同伴的帮助起到了很大的作用，班级学生形成“合力”，共同创造积极向上、和谐向善、互帮互助的班级文化、班级理念，形成浓厚学习氛围和良好的班级秩序。让每一个孩子都能在班级感受到温暖，感受到爱的温度，潜移默化、润物无声、陶冶情操。

每一个孩子都是一个独立的个体，因为出生环境、智力因素、家庭教育、个性特点、行为习惯等而存在个体差异，那些存在问题的学生才是真正需要我们关心和帮助的学生，作为教师，我们要真正把每一个孩子放在心上。真心关爱每一个孩子，并且利用我们的教育智慧帮助他们健康快乐成长，也许时间会很漫长，过程也很痛苦，但终有一天孩子们会明白，会长大，会懂得。所以，静待花开。

（尹毕章）

初中段

▶▶▶ 家校共育篇

和学生站在一起，打败问题
——班级总会有一些“熊孩子”，怎么办？

案例：

小明今天早晨又迟到了，并且一副精神萎靡的样子。他这学期已多次迟到了，成绩也不好，班主任也多次和他交谈过，也与家长联系过，小明在家长和班主任面前也做过保证，但一段时间后，老毛病会复发。最近据同学和家长反映，小明迷恋网络游戏，也经常有厌学情绪，家长也对他没有办法。身为他的班主任，你该怎么办？

分析：

每个班级都会有那么几个小明，有不少老师习惯于称其为“问题学生”。“问题学生”有标签化、污名化的嫌疑，体现的是对人的一种否定。我反对给学生贴这个标签，称他们“熊孩子”更亲切更包容更平和。怎么教育引导熊孩子，促其扬长避短，更好更快地融入班级，必须充分了解其问题背后的根源，才能对症下药找到最适切的策略。

从学生个体角度来看，小明身上显然存在不少问题：学习方面，成绩较差，对学习缺乏耐心和信心；行为方面，与其他学生关系不好，也听不进老师和家长的意见；心理方面，有自卑感，情绪不高，萎靡不振，迷恋网游，厌学。

从家庭、学校、社会角度来看，“熊孩子”问题的产生与家庭教育、学校教育、社会环境以及学生自身的个性等有很大关系，而且是受以上各方面因素的共同影响所致。其自身原因有：学习智力水平因素，意志品质因素，是非观念模糊。家庭原因有：家长行为的负面影响，单亲和留守家庭的因素。学校原因有：许多学校仍然注重应试教育，而轻德体美劳等方面的教育。社会原因有：拜金主义、读书无用论、不良文化环境的影响。

策略：

苏霍姆林斯基说过：在每个孩子心中最隐秘的一角，都有一根独特的琴弦，拨动它就会发出特有的音响。要使孩子的心同我讲的话产生共鸣，我自身就需要同孩子的心弦对准音调。

信任尊重，消除其戒备心理。

小明今天早晨又迟到了。看到他一脸无所谓的样子，我确实很生气，批评的话快冲出口的时候，我冷静了一下，想到平日里我也和他谈过很多次，也用班规惩戒过他，可是收效甚微。只能换一种策略了，而且其他学生还在“观望”呢！首先，我深呼吸，调整了一下情绪，云淡风轻地请他帮我拿点东西到我的办公室。接着，让课代表请其他老师帮忙代理一下早读课，我就回到了办公室。然后，很“自然”地和他攀谈起来，认真倾听他今天早晨迟到的原因，听他谈谈对班规的看法。这么做是因为当一种方法总是不奏效时，就得考虑换一种方式。同时，出其不意的做法也能很快破解他心中固有的壁垒——我又犯错了，大不了再被骂一顿或者被惩戒呗。当选择充分信任他、理解他时，当你平和地把学生与问题剥离开来，对事不对人，学生就会觉得自己是被认同的，孩子的脖子慢慢就软下来了，戒备心就会有所松懈，你会听到很多真话。同时，也能在倾听中获取大量的信息，为后面的“攻心”转化工作做好准备。

小明发现老师不仅没有如往常那般厉声斥责、全盘否定，而且只是就事论事，还耐心地倾听自己讲述对班规的看法，他会感受到从来没有的尊重，而这能激发出孩子身上最大的善意，不会和老师、同学产生对抗。心理学家威廉姆斯曾说，在人的所有情绪中，最强烈的莫过于渴望被人重视。由于长期得不到教师的重视和同学平等的对待，“小明们”处于受孤立被歧视的地位，渐渐形成自卑的心理，更渴望得到老师的重视和尊重！实践也证明，教师越尊重学生，学生越会用实际行动来回报教师的尊重。小明离开办公室的时候，嘴角是上扬的、头是抬着的，这足以表明，信任和尊重是走进熊孩子心里的关键一步！

正面激励，消除其自卑心理。

小明在学习成绩、行为表现、心理状态方面都出现了诸多问题，究其原因，无外乎是其在成长的路上屡遭习得性无助，进而导致他们对周围人猜疑、怨恨、戒备。可以从以下几个方面帮助他慢慢找到自信，找到在班级的存在感和归属感。

1. 放大他的优点。为他建立成长档案，暗中走访班级同学、科任老师、他的父母，充分了解小明的成长环境、特长优势等，专门为他策划一节微班会“我眼中的小明”。精选走访到的关于小明的优点素材并精心制作短视频，再提前邀请他的核心组长、他喜欢的科任老师、他的家长、他的小学同学等来到班级参与分享“不一样的小明”，最后全班同学一人写小明的一个优点，汇总张贴在小明的“成长树”上。好孩子是夸出来的，当身边熟悉的人都“看见”了他自己也许都没发现的优点时，当众说出来的感动力量是挡不住的。

2. 阳光伙伴助力。冰冻三尺非一日之寒。小明的最大挫败还是来自学习。中学生的榜样力量来自同伴。所以，及时有效地为他配置几个阳光小伙伴很重要。事先和阳光小伙伴们交代好，帮助小明的原则是——每天进步一点点，每天给他一个正面激励。同时，还寻求小明最信任的学科老师帮助，在他喜欢的学科上找到突围口，建立自信，收获成功的喜悦，进而不断地积蓄内心成长的力量。

3. 家访送表扬。批评要小声地委婉地说，表扬则要大声并广而告之，孩子自然就会不断朝着大人们希望的样子成长。只要小明有进步，班主任就带着小小激励卡送到他家去，在门口就可以大声地夸奖他具体进步方面。对于失去自信心的熊孩子来说，不断进行赏识教育，更是起到不可估量的作用。“霍桑效应”也能证实：每个人都有被关注的需求！老师潜移默化地关爱和感化，不信春风吹不回！

多元评价，消除其厌学心理。

虽然班主任对小明尝试了种种教育手段，但还要有“反复抓，抓反复”的心理准备。长期形成的各种不良习惯不可能短时间内被改变，其具有反复性。再加上其学习兴趣的不稳定性，他们出现反复很正常，不应该把它看成是过去错误的简单重复，更不能认为是屡教不改或不可救药，而要善于在每次反复中看到前进的因素并因势利导去转化。

首先，不以期中期末单一的学业成绩作为唯一的评价标尺，加入平时在课堂上的表现、在德体美劳等方面的表现，综合评价每一个学生，让小明们看到希望。其次，改变由单一的班主任评价为学生本人、同学、科任教师、班主任、家长共同评价。再者，给每个学生建立一个“成长记录袋”，引导他们有意识地收集个人在德智体美劳各方面的优异表现，还有核心组长对他们的一月一鉴定小结，以及科任老师、家长、班主任对他们的各种表彰证书等。

当然，适当的惩罚也很重要，它是另类的爱心。没有惩罚的教育是不完整的。师生共同讨论、生成“班规”，让小明们感受到“违背班规伤害的是全体同学的约定”，他们就会自觉约束自己的行为，不会和老师、同学产生对立情绪。当小明在班集体的影响下，在老师的指引下，不断向上向美时，其他的熊孩子也必然会受到触动，趋向好转，那么，整个班集体也会越来越棒！

活动开展，消除其不良情绪。

解决成长问题的根本力量来自孩子自己！孩子内心力量的强大更多来自家长的支持。小明沉迷网络游戏，家长束手无策等问题都暴露了家庭教育的缺失，因而引导家长科学育儿显得迫切而重要！作为教育者，此时可以把转化的路径转移到班级，班集体是有效转化小明们的主阵地，班主任永远都要和他们站在一起，用集体的力量扩大教育的效果。导致小明对网络游戏成瘾的并非游戏本身，而是他们无处安放的安全感！家庭得不到温暖，学业上找不到成就感，生活中屡屡碰壁，为了追求暂时的心理平衡，小明们会设法在另一方面表现自己：课堂上虽然萎靡呆滞，但对网游、歌星、球星等异常关注，以此体现自我的价值和存在。青少年体内积蓄着旺盛的荷尔蒙，班主任可安排丰富多彩的班级活动，尤其是能让小明们当主角大施拳脚的活动：“今天我是小老师”、“PPT 制作怎样更精美”、“抖音的利与弊”……在活动中，学生的能量是“释放”而非“抑制”，更能找到归属感、存在感，发现自身的价值，那么内在的力量就会被不断激发！

行为主义学家华生曾宣称：“历代为骗子、为凶手、为窃贼等所生的婴儿，只要是身体强壮，没有缺陷，我们都可以将他们教养成善良的人。”教育就是一项慢的艺术，有润物无声、春风化雨的魅力！转化班级熊孩子，其价值和意义同培养优等生一样重要。只要你愿意和学生站在一起，就一定能助力他们打败问题！在这些“熊孩子”的心里，最值得记忆并刻骨铭心的是其成长路上的困难处境而非高光时刻！

（黄　峥）

逆风，也能飞翔
——遭遇重大挫折心理变脆弱学生的教育方法

案例：

七年级下学期开学不久，班级文艺骨干小敏同学突然变得沉默寡言、脆弱敏感：上课发言不积极，而且走神；课后作业不认真完成；课下嬉戏没有了她的身影；还经常因为同学一句话一个动作与同学大吵大闹；老师找她了解情况，她也是沉默不语……原来，小敏父亲遭遇车祸离世。该如何引导小敏走出失去父爱的阴霾，变得阳光开朗起来呢？

分析：

从心理学上分析，成长环境对人的成长影响很大，特别是遇到人生挫折后就会产生各种各样的行为，在生理上、心理上都会有反应。情绪上的表现为敏感、消极、愤懑、抑郁；在生理上会表现血压升高、心跳加快，甚至易诱发心血管疾病等。

从家庭上来看，十三四岁的小敏，由一个被父亲宠溺的小公主到突然间失去父爱。她正值青春期，生理心理都赶上敏感时期，遭遇家庭重大变故的挫折后，学习生活出现了反常行为也就不足为怪。

小敏母亲更是伤心欲绝，要处理全责的车祸事故和丈夫后事，无暇关心女儿。

策略：

在了解了小敏的变化内因后，我有针对性地采取以下教育策略，试图引导小敏走出阴霾，积极面对挫折，回到阳光开朗的状态，微笑面对生活。

精准关怀，召开面向全体的主题班会

了解清楚小敏的情况后，我在班级做了一个不记名的问卷调查，主要了解学生在成长中遇到哪些挫折，是如何面对并战胜挫折的。然后整理学生的问卷，给学生的问卷进行分类，有遇到学习成绩不理想的挫折，有遇到比赛失利的挫折，也有少部分遇到家庭方面的挫折。根据分类整理好的各种遭遇挫折情况，针对性地开一次“挫折，让我们变得……”主题班会。班长带头组织，纪律委员主持，班会通过名人对待挫折、身边人遭遇挫折、自己遇到挫折等环节，面向全体学生，教育他们正确面对挫折。整个过程，不公开小敏家庭遭受变故的信息，保护了小敏的自尊心。在润物细无声中让小敏能认识到人的一生会遭遇很多挫折，只不过有的大，有的小，关键是如何正确地面对和战胜挫折。

主题班会后，小敏似乎有了一些变化：上课听讲的状态好了很多，课下同学们的活动中偶尔也会出现她的身影，只是她的笑脸和笑声还是很少。

精细关注，调动科任老师的集体力量

在得知小敏情况后，作为班主任，我第一时间召开了班级科任老师的会议，把小敏的情况详细地告知了各位老师，并请各位老师各抒己见，谈谈如何引导小敏尽快从家庭变故的重大挫折中走出来。在综合科任老师的建议后，我们认可了以下做法：首先是小敏自己不主动和我们说家庭情况，我们也不找她聊这个问题；其次是在平时的课堂和课余时间，可以有意识地回避一些可能会触及小敏的敏感话题；再次就是在她的学习上稍微比平时多关心些，尽量做正面积极引导，但是不能做得过于刻意。数学老师在课上多用眼神鼓励，英语老师在课下加强辅导，生物老师在做实验时有意识让小敏动手示范……

两周后，小敏的上课状态有了明显地改变，基本做到了专注，作业也能认真完成了。但是，“文艺骨干”应有的积极主动开朗上进，还是没有出现，遇到老师，还是有些躲闪。

精心呵护，利用提前设计好的家访

家访是学校的常规工作，因为疫情影响，线下的家访改为了线上的家访，学校要求班主任和科任老师对学生进行电话、微信、QQ等方式的音视频家访，了解孩子在家情况。根据学校的安排，我在班级中提前告诉学生，近期会对班级部分学生进行电话视频和直接到家家访，请学生告知家长，做好准备。对于小敏的家访，

则是精心设计的:我选择在小敏上课期间,私下先与小敏妈妈联系好,见面交流,一方面安慰小敏妈妈,一方面沟通小敏的情况,并告知小敏妈妈我要针对小敏的教育情况家访,让她有心理准备。在和小敏妈妈做好沟通后,我在一个周末下午,选择了微信视频家访小敏。我先从小敏开学不久产生低落的学习状态到近几周的好转谈起,然后向小敏妈妈了解小敏在家做作业的等情况(当然,这一切都在和小敏妈妈沟通好的前提下),小敏妈妈故意支支吾吾,并没有告诉我小敏爸爸车祸离世的情况,只是说家里发生了点事,可能对小敏产生了影响,后期会配合老师,对小敏学习进行监督等。之后我感谢小敏妈妈的配合,也对小敏进行了要求和鼓励。

家访后,小敏在学校遇到我时,不再是之前的躲闪,而是积极主动地向我问好,上课听讲的状态明显专注多了。

精巧安排,设计针对性的集体活动

在以上几项既面向全体,又针对小敏情况的教育引导措施后,小敏的情况有所好转,但是她还是没有主动找我袒露心声,和同伴们相比,还是略显忧伤。于是,我设计开展一个班级主题活动——说出你的故事。

准备过程如下:1. 用作家史铁生《秋天的怀念》一文中表达对去世母亲的深切怀念,与同学们一起商定活动的主题——说出你的故事;2. 确定活动主持人——文艺骨干小敏;3. 邀请活动点评老师——我和音乐朱老师;4. 确定活动时间地点——周三阅读课,在教室每人发言时长控制在 5 分钟以内;5. 遴选每组发言名单——每组 2 人(班级共 5 大组),组长带领组员选拔;6. 发言时可配合多媒体,例如展示 PPT,播放音乐等,要求是一定做到内容真实,情感真挚;7. 活动结束后,由小组互评和老师点评相结合的方式选出最佳小组和最佳表达者。活动前,除了一些必要的指导和要求(不动声色地对待小敏),我全部放手给学生准备,相信他们一定能呈现出一场又感人又精彩的主题活动。

周三下午阅读课如期而至,我和音乐朱老师准时到达教室,活动准时开展。支持人小敏落落大方地走向讲台,她目视前方,自信从容地开始了主持:“同学们,我们从出生到现在,一定在学习生活中发生过很多故事,有的故事让我们……”接下来的整个活动,环节还算流畅,同学们的故事讲述大多都真实动人,有几个位同学讲到动情处，眼睛都湿润了，听故事的同学也为之动容。作为主持人的小敏，更为专注地听讲述者讲解，因为她要串词、要总结。最后的总结环节，她情绪略显激动，想要表达什么，最后却还是草草请老师作本次活动的总结。

活动结束后第二天大课间跑操结束，小敏来到我办公室，主动和我谈起父亲车祸去世情况。我知道，她能向我倾诉说明她的心结已经打开，正面交流时机已到。之后的谈话我对她用情用心，她对我敞开心扉。微笑伴着泪水，结束了本次师生的情感交流。

之后的学习生活中，小敏回到了与七年级上学期一样的状态，文艺骨干热情开朗的风采又出现在班级的每个角落。

教育需要爱，没有爱就没有教育。教师在教育教学工作中，尤其是班主任在管理班级中，不仅要有对学生满满的暖暖的爱意，更要有切实可行且行之有效的教育方法。

（刘　军）

平凡的孩子，亦能翩然起舞

——留守学生不写作业的精准关爱策略

案例：

刚上初一的小谢同学，在班里的存在感很低，成绩位于班级后几名，平时在老师面前也是沉默寡言。但他却是我七年级开学最初认识的几个孩子之一，因为课代表记录的各科作业未完成名单里，总是有这个孩子。刚开始他总说作业忘记带了，老师没有发，或者忘记记录作业不知道这一项需要完成总是以种种让人信以为真的借口搪塞。这种作业不完成外加爱撒谎的情况，随着时间的推移越来越严重。后来我了解到，他的父母都在上海打工，孩子跟着爷爷奶奶生活，爷爷奶奶身边带了三个孩子，比较疼爱小弟弟，对他有些疏于管教。

分析：

若要探寻孩子问题的根源，说到底都是原生家庭的问题。因为父母忙于生计，即使想照顾陪伴孩子也无能为力，平时只是打打电话，根本没有办法对孩子的生活习惯、思想行为进行一个好的引导。爷爷奶奶本身就比较宠爱孩子，心思大都放在弟弟身上，对小谢缺乏足够的关心和爱护。正处于青春期的孩子，他们最需要的就是关心爱护。他们的世界观、人生观和价值观还未形成，根本就不知道是非对错，只是单纯知道，这件事会带来什么样的后果。如果身边的人并没有因此管教孩子，孩子就会习以为常。

我通过小谢小学同学和老师了解到，小谢同学不写作业的习惯是小学的时候就已经养成的。那时候小学老师并没有特别地苛责孩子，或者严格要求，只是事后说一说，无关痛痒，也没有及时和家长沟通，所以小谢养成了不写作业和爱撒谎的不良习惯。

这种不写作业的现象，在刚开学的时候，其实并不是个例。开学第二天检查作业，我细数了一下，班级里有十几个孩子的作业都不同程度地没有完成。我想这和班级风气也有一定关系，孩子们认准了法不责众，私下打听，对于一些政治、历史、地理、生物作业，还有比较难的作业，就选择集体不写。

对于这个案例，首先要让小谢获得来自家长和老师的关心，让孩子知道自己是被关心的，以减少孩子的自暴自弃心理。单纯告诉他什么是对的什么是错的，孩子只会觉得你站在了他的对立面，很排斥。所以，身为老师，要首先和他做朋友，进行一场平等的沟通。

然后通过这个案例，召开主题班会，一定要遏制班级的这种风气。可是想依靠某一次谈话或一次主题班会药到病除是不可能的，所以要制定规章制度，反复抓，抓反复，无规矩不成方圆。

“起初是我们造成习惯，后来是习惯造成我们。”王尔德的这句话使我振聋发聩，一个好习惯足以让一个人受益终生。青少年的可塑性如此之强，我们决不能在这个时候放任不管，或者睁一只眼闭一只眼。通过一个同学，影响一个班级，也是我本次教育的目的。

策略：

个别谈话，特别关爱

1. 谈话前精心准备，寻找最佳谈话契机。

静卧草地或幽谷，侧耳倾听，必能领略天地间万物的奥秘。我没有贸然找小谢同学，因为我知道如果我在某一个他没有写作业的清晨找他，他不会有任何感觉，这个机灵的孩子能预测到我会对他说什么，对于他来说，还是无关痛痒，以后不会造成任何改变。

于是我拨通了他妈妈的电话，让我吃惊的是，妈妈竟然连孩子的情况一无所知。所以那天我和她聊了三个多小时，先是告诉她孩子每天在学校的一日常规，以及孩子平时的行为习惯。妈妈觉得很愧疚，自己对孩子的关心太少了，和我约定以后尽量多回家陪伴。

这个电话结束后，我还是没有找小谢，我在等一个契机，一个让孩子猜不透并且能够直击心灵的时刻。我记得那天突然下了很大的雨，我知道我的机会可能来了。我在教室门口等了许久，果然，孩子们陆陆续续被家长接走了，但小谢一直呆呆地朝着窗外眺望。我抓起伞走进了教室。小谢看到我，显然愣住了，我说：“小谢，我带你去吃点东西吧，你奶奶说要晚一会才能来接你。”他反问我：“奶奶真的说来接我？”我坚定地点了点头，然后我特地挑了一个离他家很近的地方，带他吃了一碗饺子，借着吃饭的功夫，我和他聊起了早就准备好的“家常”……

2. 悉心准备对话内容，直击孩子的心灵。

“小谢，这饺子好吃吗？你妈妈有没有给你包过饺子啊？”

感觉他情绪忽然低落了，我继续说：“妈妈在你开学之前给我打了好多电话，关心你的身体，担心你每天吃得如何，担心你会不会挨冻，我觉得你妈妈真的很关心你。所以我跟你妈妈说你一切都好，可是，唯独有一个……”

“老师，你是不是告诉妈妈我不写作业了，她有没有生气？”

“嗯，老师说了，妈妈发了好大的火。”

“老师你骗我，妈妈不会生气的，她根本不关心我。就连我上几年级，估计她都不知道吧。”

“哪有那么夸张，老师不会骗你的！小谢，我觉得你不写作业有两个原因，你认真听一听我分析得对不对。一是偷懒贪玩。写作业不是一个简单的任务，首先需要你认真听课，然后课后才能正确完成。如果上课走神，拿到作业根本不会写，再加上诱惑那么多，很难能控制住自己。二是想引起别人的关注。因为你总觉得没有人关心你，如果你不写作业，大家就能多关注到你，这样你就能找到更多的存在感。老师说得对吗？

“但是你想过没有，首先偷懒就是不对的。‘懒’是万恶之源，你这个年纪如果不能好好耕耘属于自己的这片土地，长大后就会颗粒无收，你要怎样生存呢？人都有惰性，但伟大的人都会克服自己的懒惰。所以老师希望你首先能管住自己，做一个勤奋踏实的孩子。你自己不变优秀，他人又怎会喜欢你呢？

“另外，你想引起别人的关注这一点本身没有问题，但是你用了错误的方式。这种方式确实可以引起别人很大的关注，但是从此以后，你在别人眼里，就是一个连作业都不能完成的不守纪律的坏孩子，这恐怕不是你想看到的结果。”

……

饭吃完了，我跟他说，既然离家这么近，今天老师送你回家吧。小谢一路上什么都没有说，但我知道，明天我一定会收到这个孩子的作业。

主题班会，表扬激励

连续一个星期，我每天监督小谢，带着他一起完成老师布置的比较难的作业，一些简单的题目，留给他回家做，他觉得不难，自然也就愿意写了。第二天我会亲自检查他的每一项作业。等到我带着小谢坚持了一周之后，开始着手准备主题班会。具体的班会安排如下：①搜集整理班级作业未完成的名单，以及未完成作业的原因；②让小谢用自己这一周的经历，向班级同学叙述自己坚持的过程；③学生自主交流家庭作业的利和弊。

班会召开之初，我带着同学们认真分析了不写作业的原因，原因与我预想的大致相同。学生不想写作业的原因大都和小谢同学类似，或因为偷懒，或因为控制不住自己，或因为上课没有认真听课，想写，但是压根不会写。

当大家看到小谢同学一周的作业整整齐齐地摆在桌子上的时候，当大家听到小谢讲述一周认真完成作业的经历的时候，个个目瞪口呆。孩子们本就有爱从众的心理，看到小谢都能做到，相信自己也能做到，所以都自信满满地跟我保证一定会完成以后的家庭作业。我趁机大力表扬小谢同学，激励小谢和全体同学按时按质完成各科作业。

孩子们凭着一股子热情，三五天内，作业都按时完成了，并且质量都很不错。

创意行动，监督激励

1. 制定班级规章制度，采用积分制，每次作业得到优秀，即可获得积分奖励，奖励计入小组积分，每 5 分可以免一次作业，这样还能增强班级凝聚力。

2. 让一些变化比较大的孩子担任收作业的小组长，无形中加大对他们的关注度，并且让他们自我约束。

3. 开展作业大比拼活动，每周选出最佳作业，在家长群里点名表扬，使家长获得成就感，更多地了解孩子的日常生活，多关心孩子。

（刘　军）

缺爱的苗儿，也能绽放青春之花
——关爱单亲家庭学生的方法

案例：

上初一的小奚，是一个让人头疼的女孩：不遵守班规校纪，爱调皮捣蛋，性格叛逆，在学校化妆打扮，成绩在班级非常靠后。感恩节，我布置了一篇感恩父母的作文，平时作文写得还不错的小奚没有上交作业，询问时，始终一言不发，最后破口而出“我就是懒得写”。事后了解到，小奚父母离异，她跟母亲一起生活，但是母亲因为工作繁忙，陪伴她的时间少。父亲对孩子在物质方面很大方，但很少关心孩子的学习和生活，所以导致孩子现在出现上述自暴自弃的情况。那么，作为小奚的班主任，该如何帮助小奚健康成长呢？

分析：

家庭是孩子幸福成长的港湾，更是学生健康成长的摇篮。可随着社会的飞速发展，人际关系也发生极度的变化，很多家庭发生裂变，走向破裂。有位心理学家说：对于孩子来说，父母离异带来的创伤仅次于死亡。父母离异给学生造成的心理伤害甚至影响一生，产生的心理阴影很难消散。更有甚者，有时候会发生危及生命的事，这更体现出心理教育辅导的重要性。因此，当班级中有小奚这类孩子出现时，作为班主任，更应该给他们多一点偏爱。

在与小奚母亲的深入沟通中了解到，她其实很关心孩子，但是迫于生计，经常要上夜班，没有时间陪伴孩子，没有走进孩子的内心。她也不太擅长表达对孩子的爱，所以导致母女之间隔阂比较严重，导致进入青春期的小奚性格越来越叛逆，干脆“破罐子破摔”了。

策略：

针对父母：家校合力，加强沟通。

解铃还须系铃人，孩子的父母是孩子信心和安全感的来源。离异家庭的父母，他们在生活中彼此之间或是性格不合，或是观念不同，或是生活习惯不一致等原因，各自都会多少承受一些压力，因而对孩子的关注和关心势必少了很多。他们意识不到自己的问题会给孩子带来很大的影响，甚至造成严重的负面影响。

因此，针对小奚的这种情况，我要加强与小奚父母的沟通和对他们的指导。

首先是集体沟通。虽然小奚同学的情况只是班级中的一个特例，但是离异家庭的孩子不止她一个。所以，我利用召开家长会的机会，委婉表达对于单亲家庭孩子的教育方式，让这类家长做到心中有数，让他们意识到这样教育孩子非常有必要。

然后是单独沟通。利用家访，可以到小奚家里，也可以请小奚的父母亲在有时间的情况下到学校交流，这样针对性更强，可以根据小奚的情况与其父母深入交流。比如，建议父亲利用周末或节假日的时间多陪伴孩子，不让父亲缺位，不让父爱缺失；建议母亲放下“长者”身段，和孩子做朋友；再比如，建议母亲给孩子手写书信，与孩子进行“无声”交流。

值得注意的是，在与小奚父母沟通时，要注意换位思考，采取理解和倾听的态度。我分别站在小奚老师和家长朋友的角度真诚地与他们交流，要让他们明白：父母双方都对孩子负有陪伴、教育的责任，不论父母是在一起还是分开，都应该为孩子提供尽可能健全的父爱和母爱，以及融洽和谐的家庭环境。孩子在进入青春期成长的关键时刻，最需要的是父母双方的关爱。还要特别告诫父母：不仅不能在孩子面前破坏对方的形象，还要树立父母彼此的形象。

经过深入交流，小奚父母表示，一定会在以后的生活中，多陪孩子，多与孩子交流，关注孩子的心理变化，并及时和老师沟通。

针对学生：循循善诱，直面挫折

青少年最需要的心理营养就是“爱”。然而对小奚这样的孩子，如果一味地甚至刻意地关心，可能会适得其反，甚至让其反感，因此，关心也要有法有度。进行恰当的关怀教育是非常必要的，针对小奚，我打算从以下两方面入手。

“偶遇”同行，解开心结。

作为班主任，我观察到小奚放学后经常一个人走路回家，所以我经常制造放学“偶遇”小奚的机会，和她一起边走边聊。刚开始，小奚还显得非常拘谨，不说话，低着头朝前走。偶遇的次数多了，她渐渐就放开了，与我聊班级的趣事，谈学习的苦恼，说家里的乐事与烦心事。我们从学校内的班主任与学生角色慢慢变成学校外的大朋友与小朋友角色。特别是下雨天，我会格外关注小奚的情况，孩子的妈妈由于上班的缘故，经常没办法送伞，所以只要是下雨天，我都会特别叮嘱小奚来我这里取一把伞。渐渐地，小奚感受到了我对她的关心，而我对她的一些建议和要求，她也慢慢地接受了，学习态度也明显好转。

“刻意”安排，增强自信。

在与小奚成为朋友的基础上，我还刻意地举行了一次“自信、自立、自强”的主题班会，激发同学们的自强之心。在班会召开之前，我特别安排了热爱文学、语文成绩不错的小奚搜集有关自信、自强的诗歌。我向小奚推荐了汪国真的《叶子黄的时候》和《假如你不够快乐》以及袁枚的《苔》。在班会上，我与小奚还有其他几位同学一起朗诵这几首诗歌，刚开始小奚还读得比较拘谨，但是随着朗读的深入，同学们加入的增多，小奚的朗读愈加声情并茂。同时，我还专门给同学们讲解了“苔花如米小，也学牡丹开”，激励同学们学习“白日不到处，青春恰自来”的苔。小奚在这次班会中，表现得很兴奋，很受感动。

在后来的观察中我发现，她课上课下安静了很多，不再注重梳洗打扮了，听课也认真多了。

“创作”机会，树立榜样

看着小奚向好的方面变化，我和老师们打心底地高兴，大家商定，要继续多鼓励小奚，多“创造”点表扬小奚的机会，树立起好的榜样。

生物老师发现了小奚动手能力强，就让小奚和其他几个同学组成生物模型制作小组。完成模型后，模型上写着小奚和几位参与同学的名字，不仅在本班展出，还在整个年级的其他班级展出。英语老师把小奚纳入英语单词拼写比赛的成员中；历史老师开展的讲述历史演义小故事，也让小奚参加了……

作为语文老师的我，利用班主任的“特权”，根据小奚的特点，增补为语文课代表，主要负责检查各位组长的背诵情况。当上课代表的小奚可高兴了，工作认真负责，积极主动，更是以身作则，处处做到榜样作用。

一段时间后，小奚像换了个人似的。阳光开朗，积极上进。上课认真听讲，积极发言，下课和同学们谈笑风生打成一片。

单亲家庭的孩子，更需要温暖的关爱。作为班主任，尤其是在“双减”背景之下，对待因为原生家庭出现问题的学生，更需要行之有效的教育方法。

（刘　军）

撕破的校服引发的故事

——孩子之间产生矛盾,家长要不要插手?

案例:

晚上10点,八(1)班的班级QQ群里,突然出现一张图片——一件摊开的校服上衣,后背处赫然是一个撕裂的大口子。这是班级一位男生小廖的妈妈发到群里的,她在QQ群里怒气冲冲地@了班主任:"梅老师,我家小廖的校服被同学撕了一个大口子,问他他还不肯说。这太欺负人了!麻烦您明天在班级问问是谁干的!!!"5分钟后,另外一位家长小涵妈妈在群里@了小廖妈妈:"这件衣服是我家小涵和另外两位同学与小廖下课玩耍时不小心扯破的,孩子们当时就道了歉,你家小廖当时还笑嘻嘻地说没关系。多大点事,明天说不行呀,非要大半夜在群里打扰老师和家长?"面对这个解释和质问,小廖家长并不满意,于是她俩在群里你一言我一语地怼上了。如果你是班主任梅老师,你该怎么办?

分析:

教育学者卡罗尔·格斯特维奇(Carol Gestwicki)认为,"信息的缺乏或错位容易导致误会与分歧。"信息缺乏是形成家校冲突的主要原因之一。

在本案例中,对于下午发生在班级的校服事件,班主任梅老师并不知情,属于典型的"信息缺乏";校服事件的真实情况究竟如何,小廖妈妈并不清楚,只根据结果,"校服被撕破了"这个主观判断自家孩子被"欺负了",属于"信息错位";加之小涵妈妈的质问火上浇油,由此引发家长之间的矛盾。当信息缺乏的班主任没有及时处理班级突发事件的情况下,信息错位的家长就有可能做出过激行为。

首先,小廖妈妈方面:作为一个母亲,她看到的是孩子被撕裂的校服,根据经验判断,"被同学欺负"这个念头就产生了;加上她问小廖情况,小廖却不肯说,这进一步肯定了她的猜测,加重了她的焦虑,并让她产生了愤怒的情绪。夜里十点钟，不管不顾地把照片直接发到家长QQ群，还在群里单独@了班主任，就是这种愤怒心理的体现——“我要让家长们特别要让欺负我家儿子的孩子家长看到我的愤怒；还有你班主任也不负责任，居然对这事不管不问，任由孩子穿着破校服回家！”本可以私聊班主任解决的事，非要在群里闹得人尽皆知，她这一系列操作，体现出她情绪激动、失去理性，在家长群里传导的也都是负面的信息，因此在处理该纠纷时，班主任要先平复其情绪，然后了解真实情况，公平公正地处理问题，以期解开其心结。

其次，小涵妈妈方面：同样作为一个母亲，她看到群里的照片，及时询问了自己的孩子，得知情况后，立即在群里说明了情况，也点明小廖妈妈处理事情的时机和方式有问题，但她的回复比较直白，还使用了质问语气，进一步激发了家长之间的矛盾。因此在进一步处理该纠纷时，班主任应提前联系小涵妈妈，肯定她对班群的维护，同时引导其注意与其他家长交流时的方式方法。

再次，涉事同学方面：根据小涵妈妈的讲述，涉事同学有四位：小廖、小涵和其他两位同学。厘清事情经过，是解决这件事的关键。因此，一定要询问四位当事人，真相到底是什么？

最后，班级方面：小廖妈妈把校服照片发到群里的做法，以及两位家长在群里“互撕”，这都是负面的，势必引起家长们私底下的议论纷纷。如果班主任没有及时处理，会让问题进一步发酵、扩散，不利于班级建设、同学团结，有损班主任的形象。班主任应及时处理负面信息，维护班级的稳定和团结。

策略：

及时了解情况，研究解决方案。

梅老师及时电话联系小涵家长，问问小涵有没有休息，让小涵接听电话，请她说清校服事件的经过。小涵的回答基本跟她向母亲讲的一致：“今天下午大课间，小廖没有值日就跑去操场玩了，班长让我去喊他回来值日，我和浩然、小瑞去操场找他，他却说：‘跑回去值日也赶不上卫生监督员检查了，反正要扣分了，不如在操场上多玩一会儿！’我听了就急了，要拉他回来，可他一边笑一边往前跑，我就赶紧追他，还让在一旁玩耍的浩然和小瑞一起帮忙追。小瑞是“体育健将”，一下子就跑到小廖前面，拦住他了，小廖想逃跑，又被浩然和我拽住了衣服，争执之间，‘滋啦’一声，校服就被撕破了！大家惊呆了，反而是小廖笑嘻嘻地说：‘看吧，你们把我衣服撕破了！不过没关系，今晚让我妈妈补一下好了！’大家当时都很不好意思。然后，小廖就跟我们一起回班了，大家帮着他，一起把值日完成了。”

小涵的回答，为第二天处理该事件做了定性：这是无意中玩闹撕坏衣服，而不是恶意为之。

安抚家长情绪，减少负面影响。

时针已指向10:30，经过询问，梅老师心里有数了，立即拿起手机，打开了家长QQ群。她在群里进行了正面回答：

“小廖妈妈您好，刚刚看到校服照片，我也很吃惊并表示遗憾！今天，我都在学校，没有外出。一直到放学，小廖和班级其他同学并没有来办公室反映此事；加上放学之前，我也并没发现小廖有什么异常表现。因此小廖校服被撕破了这件事，我也是到您发照片到群里才知道，非常抱歉。小涵妈妈，感谢您及时回复了小廖妈妈。夜已经深了，不便在群里打扰大家，等明天上班后，我会找孩子们了解具体情况，把这件事处理好，请你们放心。快11点了，请大家早点休息，明天都还要上班。另外，从七年级开学建这个家长群开始，我们就有约定，这个群是发布学校、班级重要通知用的，所以请家长以后有事请尽量私聊班主任，不要占用家长群的公共资源。”

再次厘清事实，安抚小廖同学。

第二天早晨，梅老师第一时间先找到涉事的几位同学和小廖，再次确认了事情发生的经过，并让他们自己说说怎么解决。同时，表扬小廖：“校服事件”中，小廖的衣服被同学不小心扯破了，他不争执还安慰大家，这种宽容大度的精神值得我们学习，化解小廖同学的尴尬；提醒小廖，提示他下次有事要跟妈妈实话实说，如果是这样，妈妈就不至于在班级群里“大动干戈”了；点拨小廖：“校服事件”起因是他没有按要求值日引起的，以后要遵守班规班纪，承担好自己值日的责任。

依靠集体力量，研究解决方案。

在再次确认事情经过后，梅老师考虑到此事已在家长群闹开，同学们几乎都知道了,在上午第一节课她适时开了个10分钟的微班会,让大家也说说意见。微班会采取角色扮演的形式进行,稳重成熟的班长扮演小廖妈妈,性格跳脱的英语课代表扮演小涵妈妈,开朗活泼的语文课代表扮演"潜水"的家长甲,爱打抱不平的逸飞同学扮演"潜水"的家长乙,文静持重的佳伟同学扮演"和事佬"家长丙;同时,梅老师提示同学们,站在家长角度,她们当时会怎么想。四位同学重现了昨天晚上10点钟发生的故事,梅老师请同学们出出主意,解决此事。通过大家七嘴八舌地讨论,孩子们达成共识:撕坏衣服这件事虽然不是故意的,但也要赔偿并及时跟家长沟通好。最后,经过大家协商,校服上衣原价100元,小涵赔偿30元,安瑞同学赔偿30元,浩然同学赔偿40元。

解开家长心结,肃清班群风气。

当天中午,梅老师通过电话,将事情的经过和处理结果告诉小廖妈妈,小廖妈妈比较满意。梅老师在表扬小廖同学在"校服事件"上体现出来的友善宽容之后,委婉提醒小廖妈妈,孩子有孩子的小天地,孩子和同伴之间的小矛盾自有他们的解决方法,遇事可以先问明白孩子想法后再做处理;班级群是老师发布重要通知、各种有关孩子学习信息的地方,突发性的事件需要处理,可找班主任私聊沟通,小廖妈妈表示赞同。随后,梅老师电话联系了小涵妈妈,感谢她昨天晚上及时在群里做了回复,肯定了她提醒小廖妈妈不要晚上在群里打扰大家的行为,同时,委婉指出,小涵妈妈当晚如果能私聊小廖妈妈,注意态度和方法,解决问题的效果可能更好,小涵妈妈表示同意。

自此,"校服事件"圆满落下帷幕。

(董雪梅)

一张大考卷引发的出走事件

——双减下,家长的焦虑何处安放?

案例:

"双减"政策实行后,期中考试后的一个周六的晚上,班主任刘老师接到梦晴妈妈的电话说,梦晴下午离家出走了,家长四处寻找,晚上9点才在附近公园里找到她。梦晴勉强跟家长回家后,就把自己关在房间里,不愿跟家长交流。其诱因是,梦晴期中考试数学考了个B等级,妈妈便买了两套数学试卷,要求她每天把学校的作业做完后再做一张试卷。梦晴一直不乐意,昨天下午终于爆发了。梦晴家长非常焦虑。放下电话,刘老师联想到好几个家长对"双减"的疑惑。如果你是班主任刘老师,你该怎么办?

分析:

家长是孩子成长中最亲密的人,家长的情绪及其对情绪的管理能力对孩子的成长起着至关重要的作用。

从表层来看,本案例属于亲子冲突。因孩子不愿完成家长布置的家庭作业,亲子间发生冲突,以致发生孩子离家出走这样的负性事件。

从深层来分析,本案例是家校沟通不畅,家长对"双减"政策不理解和对学生成绩不满意,导致焦虑,最终引发冲突。

在学生层面上,七年级学生刚从小学跨入初中门槛,随着学校、老师、同学的改变,以及学习任务的猛然增加,部分孩子未能尽快适应,导致期中考试可能不太理想。在这样的背景下,引导孩子重新树立自信心,帮助孩子调整学习节奏,寻找适合的学习方法,尤为重要。

在家长层面上,初中家长对孩子的教育期待,是考高中,最好考上重点高中;考大学,最好考上重点大学。在这样的期待下,家长对孩子评价的标准,自然就是考试成绩了。一旦孩子成绩不理想，家长就会有产生各种担心和焦虑，这种负面情绪并不能帮助孩子进步，相反，会引发亲子矛盾和冲突。

在学校层面上，初中学校面临中考的压力，中考成绩成为学校评价的主要依据。学校的巨大压力，层层加码，最终转移到学生和家长身上，导致了焦虑的产生与放大。因此，响应教育主管部门的“双减”号召，学校要改变单一的评价标准，坚持“立德树人”、“五育并举”，多角度培养学生能力，给学生更多展现自我的平台，评价上多元化，让每一个学生都能找到自己的闪光点，自信地学习、生活。

策略：

处理紧急事件，提前联系家访。

目前最紧急的事件是解决梦晴同学自我封闭的问题。考虑到明天就是周一，梦晴这种负面情绪如果不解决，会影响周一正常上学。于是，刘老师征求梦晴家长的意见，决定周日上午开展家访。

家访步骤如下：

表明来意，表达关爱：刘老师语气诚恳、实事求是地反映梦晴这段时间在校表现，表达对孩子的关心。

家长里短，摸清情况：刘老师询问梦晴在家的具体表现：能不能主动完成作业？写完作业以后做什么？有阅读习惯吗？是否帮家长做一些力所能及的家务？

宣传政策，矫正思想：班主任向家长详解国家“双减”政策，以及学校班级的具体安排部署，说明“双减”对孩子成长的帮助，与家长探讨成才观、全面发展观，教育的本质问题，引导家长矫正“唯分数论”的思想。

促膝谈心，劝说孩子：班主任跟孩子促膝谈心，表达对她的理解，同时指出离家出走不是解决问题的办法，如果遇到危险，可就后悔都来不及了，遇事要学会求助自己的社会支持系统(如老师、同学、朋友等)。

解决重要事件，尽快召开“微两会”。

鉴于梦晴同学这种因成绩下降导致学生自信心下降和家长焦虑的情况，在本班不是个例，星期一，刘老师找到相关同学，开展了一次微班会《树立信心，找对方法，丢掉“拐杖”》：通过“一分钟鼓掌”小游戏，让同学们认识到自己的能量比想象中要大；“说说你的星期五”，让学生们分享星期五一天的学习和生活；请学习委员分享“我的星期五”，让学生交流讨论，找找差距，提炼并学习学霸的学习方法；学生代表发言，班主任总结发言。

放学后，班主任召集相关家长，开展一次“微家长会”：首先让家长一吐为快，倾诉焦虑；随后，刘老师提问：“您希望孩子成为什么样的人？”以此聚焦教育本质；紧接着，家长轮流发言，分享成才观；刘老师提问：“国家为什么要实施‘双减’？”家长讨论，班主任解读双减政策，谈“双减”的目的和意义；刘老师给出家庭教育指导意见，引导家长努力成为学生自主学习的最大助力。

聚焦教育本质，化解家长焦虑。

只有置身其中，付诸行动，才能减少焦虑。刘老师在征求学校同意后，开展了如下活动：

搭建多元评价平台：依托学校的个性化课后服务平台，发动学生根据自身特长积极参与，在活动中展现自己的特长，疏导负面情绪，激发学习的内驱力。

开放课堂心中有数：每周固定一天，邀请部分家长走进不同课堂，观察孩子上课状态，了解教师对课堂的精心准备、自如驾驭。

家长沙龙巧设树洞：每两周固定一个晚上，用一个小时的时间，以线上交流的方式，由班主任主持，家长们吐露心声，交流分享，提出问题，共同解决，缓解焦虑。之后可由家长轮流主持，形成家长成长共同体。

家长讲堂激发自豪：每周固定一节课，让家长根据自己专长开设讲堂，做一次老师：可给孩子普及行业基本知识，可介绍生活妙招，可说说最近热点……让家长参与到教育中来，让学生从另一个角度了解自己的父母，增加自豪感。

班级 QQ 群全面覆盖：用好班级 QQ 群，及时转发教育主管部门相关政策、讯息，如五项管理、双减政策、疫情防控等，让家长同步了解；依托市教育局、区心理辅导中心等平台，定期分享教育短视频资源，让家长逐步掌握家庭教育方法。

（董雪梅）

总是缺席的家长
——家长不愿来开家长会，怎么办？

案例：

一天上午，正在电脑上精心制作明天家长会 PPT 的周老师，接到子涵同学的爸爸打来的电话，说他在外地出差，无法参加家长会；子涵妈妈也因事来不了。周老师有些无奈：这次家长会，除了子涵家长，智贤的家长也因为工作忙不能来开会，而这两位家长，他们的孩子都有这样或者那样的问题，学长恰恰需要参加家长会来了解孩子的学习状况、学习家庭教育的方法。可周老师带这个班一年了，家长会召开过 4 次，但这两位家长每次开家长会都以工作忙、在出差为由，始终没露过面。面对这种情况，周老师该如何处理？

分析：

本案例的焦点是家长不愿意参加家长会，家校沟通不畅。

首先，从家长方面来说，子涵爸爸和智贤妈妈不能参加家长会，但都能提前一天打电话、发消息告知，也解释了不能参加家长会的具体原因，可见，家长能够遵守班级规定，做到了尊重老师；但两位家长一直以工作忙为由，4 次家长会都没有参加，这就需要深入思考了：是单纯的巧合？是家庭出现问题没这个心情，加之工作忙，不愿额外挤出时间参会？是班主任某些言行让家长抵触，导致家长逃避与班主任接触？还是因孩子表现不够优秀，家长对家长会可能出现的“批斗模式”心存畏惧？这就需要班主任进一步了解。

其次，从班主任方面来看，周老师每次开家长会前都能提前三天发出通知，告知家长会主要内容和时长并充分准备，整理讲稿，做 PPT。按说，这样有备而来的家长会有诚意、有内容，家长提前就能感受到其中的用心良苦。可为什么有家长连续 4 次家长会都不来参加？这需要班主任进行反思。

从家校情感角度出发，周老师平常可能对这两位孩子不太关注、很少跟家长主动联系，自然会导致孩子对老师感情一般，回家后对父母描述的老师形象也是模糊的，家长对老师的好感度就不会高了，在他们心里，花时间参加家长会是一件“不划算”的事。

从会议内容角度出发，以往的家长会通常都是“成绩分析会”、“学习批斗会”、“上传下达会”，这样的会议，必然会导致孩子成绩不佳、事务繁忙的一部分家长反感。

从会议形式角度出发，班主任从头到尾“一言堂”，或者任课老师轮流发言，讲课堂，谈成绩，家长只能坐着听，这样的“满堂灌”，也容易让家长心生厌烦。

再次，从学校乃至整个教育环境方面来看，现有的评价标准依然是以学生的学习成绩为主要依据的，家长会主要以点评成绩、指导学习方法为主，而对家长本身的关注度（亲子关系、个人成长、亲密关系以及家庭教育指导等）不够，导致家长会对家长吸引力不够。

策略：

促膝谈心，侧面了解情况。

周老师在课余时间分别找到子涵和智贤这两名学生，开展单独谈心活动，内容为谈谈他们最近的学习情况、思想表现等，以肯定为主，给出建议。打开学生心扉后，跟他们拉拉家常，询问家庭情况。

从谈话中，周老师了解到，子涵的爸爸和妈妈在他小学三年级的时候就离婚了，他妈妈自此没有再回来看望过子涵，爸爸在外打拼挣钱，常年出差，平常子涵跟爷爷奶奶一起生活；子涵爸爸要求子涵学习成绩优秀，但子涵因为学习基础差，考试成绩一直让爸爸不满意，爸爸批评子涵的时候常说：“你成绩这么差，我是不会去学校替你挨训的！”智贤爸爸在国外打工，两年才回来一次，智贤妈妈在当地一家连锁超市当店长，两班倒，请假不易，四次家长会，恰逢她迎检、出差、主持店庆，实在是分身乏术。

拓宽渠道，正面有效沟通。

处理这起家校沟通不畅事件，班主任周老师在充分了解情况后，还要考虑从根本上解决家校沟通的问题,应开通多条家校沟通的渠道,增进家校联系,促进家长与班级、学校的目标一致,形成教育合力。

首先,及时开展家访进行点对点沟通。家访是学校进行家庭教育指导、沟通学校与家庭,使二者相互配合的重要途径之一,是教师、学生、家庭互动的最好方式。

鉴于两位同学的家长工作繁忙,周老师可采取家访的形式进行沟通,在与家长提前预约的情况下,事先将孩子在学校一年的学习和活动的照片整理出来,按照时间、主题分类编辑,设计好封面,打印成一本专属于孩子的成长相册,取名为《某某某的快乐点滴》,作为登门拜访的礼物。

家访参考步骤如下:

当面表扬,奠基暖调:反馈学生在校近一年的优秀表现,多找闪光点,表达对学生的肯定与鼓励。

引导家长,一起夸奖:有意识地引导家长谈学生的优点,如有礼貌,人缘好,喜欢弟弟妹妹,帮忙做家务,自理能力强等,让学生自信面对老师来访。

真诚鼓励,觉察内心:鼓励学生,说出他(她)在学习和生活中遇到的困惑,谈谈自己对学习及未来的想法。

给出方法,指导家长:老师可给予家长可操作性较强的教育方法,如指导不常在家的家长,通过电话、视频、书信等方式,多关注,善表达,建立亲子间牢固的亲情链接,助力学生健康成长。

三方会谈,规划成长:老师、家长、学生三方一起分析学生思想、学习方面的表现,多肯定,少批评,给足学生信心,引导学生发扬优点,矫正不足,做好具体可行的成长规划。

有如此的诚意,家访必然会在真诚、愉快的气氛中进行,交流通畅,沟通有效。

其次,科学利用微信群、QQ群开展高效沟通。借助微信群、QQ群等网络APP,学校、老师通过短信在第一时间将学生在学校的各方面情况传递给家长,其特点就是方便、快捷。

再次,合理运用微信视频、QQ电话进行及时沟通。

这种沟通方式主要通过图像声音来传达,优点是方便、快捷,不受空间限制。与家长打电话沟通之前,班主任要拟好提纲,目标明确;通话时要保持良好的心情，温和的语调会通过电波传达给家长；通话时姿态要端正，身体挺直，所发出的声音会亲切悦耳，充满活力；通话时要注意语速适中，不能太快或太慢，音量不宜过大，要适中。主题明确、内容清晰、心情愉快的电话或视频沟通，往往会有事半功倍的效果。

创新形式，丰富会议内涵。

子涵爸爸不愿来开家长会，也有担心在会上因孩子成绩不好、表现不好被批评的因素。因此，在开家长会之前，老师可提前发通知，告知家长会大致内容：分析考试结果，总结经验教训，对试卷不对人；讨论班级近期热点，寻求解决办法，对事情不对人；交流孩子思想、心理状态，指导家长开展家庭教育，对问题不对人。可将家长分层、分批开会，更有针对性。可依托家长学校安排，使会议主体多样，如专家开展心理健康讲座、召开亲密关系沙龙、引导家长学习家庭教育方法、优秀家长传授育儿经验、优秀学生介绍学习方法等。

通过召开科学、高效的家长会，让家长及时了解老师的教学进度、学生在学校的情况、各科老师对学生的要求等，让家庭教育与学校教育更有效融合，促进学生发展。

（董雪梅）

初中男生的“女同桌情结”
——如何引导同性交往障碍的学生?

案例:

九(4)班的小谭是个文静秀气的男生,从七年级入学以来,班主任发现他一直不喜欢与男同学玩,着装、言行都比较女性化,他的几个常来常往的朋友都是本班或者外班的女生。两个多月前,他向班主任董老师提出要与本班学习委员欣雨同桌,如果老师不答应,他就学不下去了,高中也不想上了。班主任董老师以“班级座位一学期换一次、平常没有特别理由不能换”等理由拒绝了他,其家长也打电话来求情,希望老师能答应他儿子的要求,董老师依然没答应。如果你是班主任董老师,该怎么做?

分析:

《教育部关于进一步加强中小学班主任工作的意见》中规定,班主任应“注意倾听学生的声音,关注他们的烦恼,满足他们的合理要求,有针对性地进行教育和引导”。这个案例的焦点是小谭同学要求跟欣雨做同桌的愿望不能实现,问题的实质是小谭同学以自我为中心的想法,导致他提出不合理要求。

首先,小谭妈妈方面:第一,改变小谭妈妈不合理认知,问题的起因在于小谭无合理理由要求换座位。第二,班主任应从小谭妈妈处详细了解小谭幼儿园及小学阶段的人际交往情况。

其次,小谭方面:第一,提醒小谭,班级座位安排的依据是班规,班规中明确规定:“班级座位原则上按照身高统一安排。如有个别同学提出合理要求,特殊情况特殊对待,最终由全班学生投票决定。”第二,询问小谭调换座位原因,婉言告知,这个要求不合理。第三,让小谭谈谈自己在幼儿园和小学阶段的交友状况。第四,根据小谭的实际状况,可从心理健康角度建议小谭去找心理老师寻求帮助。

再次，班级方面：天津市教育科学研究院副教授曹瑞认为：“每个学生身上都蕴藏着克服困难、自我发展的潜力，心理健康教育的目标在于通过各种途径去挖掘和发展心理弹性，而不是针对个别问题学生进行疏导和治疗。”因此，班主任可以把小谭的问题放在班集体中，引领学生间互相体察，同伴互助成长。

策略：

个别谈心纠认知。

考虑到小谭性格内向，如果请他来到老师众多的教师办公室谈话，他可能会一言不发。午餐后休息时间，董老师可找小谭到操场上散步消食，顺便聊天。

在轻松的氛围中，在视野开阔的环境里，董老师询问小谭想和欣雨做同桌的原因。小谭说欣雨是学习委员，为人很热心，对他一直关心有加，他在八年级初学物理遇到困难时，在欣雨的鼓励和帮助下，及时解决了“拦路虎”。后来，一旦遇到困难，他都会向欣雨求助，欣雨也是有求必应。现在进入九年级了，新增的化学学科，小谭学起来感觉吃力，又想求助欣雨。但九年级学习压力大，欣雨有时忙自己学习，不能像以前一样帮他解决问题了。因此，他想让欣雨做同桌，这样可以随时随地帮助他了。他从幼儿园开始，就一直跟女生做朋友，小学的好朋友都是女生。

这一番话，可以清晰地判断出小谭是个以自我为中心的人。这类同学外在表现就是大家常说的“自私自利”，做任何事都是从自身角度考虑，自己满意就好，不会去体察别人的感受。这样的学生交不到朋友，却不能从自身角度找原因，往往会责怪他人不愿意跟他做朋友。在这种情况下，为帮助小谭纠正认知偏差，可以利用心理学上帮助来访者全面觉察自我、体察他人感受的“空椅子技术”来解决。

放学后，董老师约小谭同学来到办公室。董老师首先表明态度——班级座位不能随意调换，个别有特殊情况如近视、听力不好的同学才可以特殊对待，如果有合理的理由要求微调，也要征求相关同学的意愿。明白了老师的立场，想想欣雨的拒绝，小谭沮丧地低下了头。

董老师在小谭面前放上两张椅子，一张椅子代表他自己，一张椅子代表欣雨，当他坐在代表他自己的椅子上，他就按照自己的思维方式思考和说话；当他坐在代表欣雨的椅子上时，他就把自己当作欣雨，以欣雨的思维方式、说话风格来作答。讲清规则以后,董老师请小谭就以他前段时间与欣雨协商做同桌这件事作为谈话内容,经过十几个回合的问答,小谭似乎明白了欣雨拒绝的原因。此时,继续给小谭思考的时间,不急着询问他是否放弃换同桌的想法。三天以后,小谭的妈妈反映,小谭现在好多了,这几天再也没有提换座位的事,放学后回家也能积极写作业了。

通过一周的观察,小谭对于和欣雨做同桌这件事,还是有执念,下课时欣雨跟同桌说说笑笑,他虽然没有回头看她们,但有明显地转动脖子、绞手指、移动桌子等焦虑表现。从小谭的肢体表现来看,这次谈话并没有触及根本问题,治标不治本,只有把“根”找到,才能让小谭把自己的“女同桌情结”真正解开。

周末家访忆童年。

周末晚上,按照提前预约的时间,班主任董老师来到小谭家家访,在家里,小谭比在学校显得放松而活泼。他直言,虽然知道换同桌这件事是自私的行为,但内心还是非常渴望与欣雨做同桌,日思夜想的,自己都觉得莫名其妙,他也试图在心里将欣雨换成别的帮过他的女生,但是都不行,脑子里想到的,就是“必须是欣雨”。通过操场谈话和家中谈心,董老师发现,小谭对欣雨并不是青春期朦胧情感,初步推测有可能是早期的创伤经历,长期压抑后深埋在心底,在青春期身心发生变化之际,又以“女同桌情结”的形式展现出来。

此时,董老师悄悄给小谭妈妈发短信,让她找个理由打发小谭出门买水果,利用这个时间先跟小谭妈妈委婉表明,这件事的问题是出在小谭身上,还是要真正了解小谭这样想的根本原因。同时,董老师向家长仔细询问小谭小时候的经历。原来,在小谭上小学之前,父母在外地上班,小谭跟大伯一家一起生活,因长得瘦小,他和同学有矛盾时,总是他吃亏,造成了他内向的性格。但小谭为什么指定要欣雨跟他做同桌,小谭妈妈归因为欣雨人好,肯帮人,小谭依赖他。

了解情况后,小谭已经买水果回来了,大家一边吃水果,一边愉快交谈,说说小谭的优点,小时候的趣事,班级的故事,一个小时的家访到此结束。小谭和班主任的关系更近一步,对老师的信任也进一步提高了。

心理辅导解心结。

第二周的周一中午,征得小谭和小谭妈妈的同意,班主任董老师为小谭约了心理辅导老师开展心理辅导活动。

在学校心理咨询室里，心理辅导老师使用音乐放松技术，让小谭从头到脚做放松训练后，小谭回忆起小时候父母在路桥公司上班，常年各地辗转，他被寄养在大伯家，因体形瘦小被邻居男孩子欺负，每次都是堂姐小雨帮他解的围；他上小学一年级时，被几个男生天天欺负，不敢和老师和家人说，是上同一所学校四年级的堂姐发现他的异样，气愤之下，她带着几个同班同学把那几个男生“教训”了一顿，“危机”才得以解除。从此，小谭拒绝与男生交往，只喜欢跟帮过自己的女生玩。他对堂姐产生了依恋之情，直到转学到父母身边。进入初中以后，在欣雨同学的身上，他似乎看到了堂姐的影子，渴望与她时刻在一起。

找到这个心结，在心理辅导老师谈话技术下，小谭解开心结，变得开朗了，也愿意与男生多交往了，不再提起要和欣雨同学同桌。

主题班会促成长。

一周后，董老师趁热打铁，召开了“心有千千结”主题班会。

董老师首先将全班学生分成 6 小组，每组 8—10 人，发出口令：“拉”、“记”、“散”、“转”、“结”，开展团体心理辅导游戏“心有千千结”。

“拉”：让每组成员手拉手围站成一圈。“记”：请成员们记住自己左右手各相握的人。“散”：成员们松开手。“转”：大家四处走动。“结”：各组成员们脚不动，只按照之前的位置重新拉手，形成手臂环绕的“结”。“解”：大家在手不松开的情况下，用各种方法和相应动作，如跨、钻、套、转等，将交错的“结”解开，恢复成刚开始的拉手圈。

小组完成后，所有组集合一起，再开展一次相同的游戏，让学生体验解开“大结”。

游戏结束后，班主任提问，体验分享：

1. 面对“死结”，你们一组同学的态度有何不同？

2. 你们是胜利了还是失败了？如果胜利了，你们是如何解开“死结”的？失败的又有何感想？

3. 在学习和生活中，有哪些“死结”？我们该如何面对？

最后，董老师做班会小结：心有千千结，解开并不难！这就需要大家加强沟通，心心相印，团结一致。

（董雪梅）

初中段

▶▶▶ 热点透视篇

清水出芙蓉，天然去雕饰
——女生天天上学化浓妆，怎么办？

案例：

八年级1班女生小美今天早晨没到学校上课，家长也没有请假。班主任杨老师打电话给家长询问原因，家长支支吾吾只说孩子心情不好，今天不想上学。小美天天上学要用到将近一个小时时间化妆，且用的都是劣质化妆品，天一热，睫毛膏、眼影、腮红就脱妆，弄得满脸黑一块红一块的，非常不雅观。班主任和任课老师们也多次找她聊天，给她一些建议，她从不顶撞但是坚决不改。下午有同学反映，她上午是因为化妆化晚了，奶奶气不过让她下跪，小美扬言要自杀。小美的父母在小美年幼的时候就离婚了，小美跟着奶奶和爸爸一起住，奶奶很强势，常常会骂小美就像她的妈妈一样花枝招展。遇到这样的学生，班主任应该怎么办？

分析：

看到这个案例，我不仅看见了一个“爱美”的女生，还不由地想到了外国一篇小说《装在套子里的人》。我觉得透过她化浓妆的面具外表，我看见的还是一个试图把自己装在浓妆套子里的女孩。她“爱美到极致”的背后应该有很多值得我们研究和思考的东西。

马斯洛认为，人类的需求层次依次为：生理需求、安全需求、社交需求、尊重需求和自我实现需求，爱美需求正是介于尊重与自我实现之间的高阶心理需求。从小美个人来看，首先，她可能对自己的外表不自信，希望自己引人注目，尤其是有异性夸赞她化妆后更好看，她会愈发痴迷化妆。其次，因为小美一直注重打扮、谈恋爱之类的事情，学习成绩一塌糊涂，朋友也很少，而且结交了不良少年，对她的负面影响较大。

从小美的家庭来看,妈妈的缺席让她不懂得什么才是真正的美,可能也对她的心灵造成了伤害,加上奶奶的强势教育,她要用浓妆编织一个“套子”把自己“藏”在里面,以一副假脸示人,显示出一副满不在乎的“伪强大”,让周围人对她无计可施。

从周围的环境来看,首先,影视剧、品牌宣传片、抖音等的狂轰滥炸让“颜值即正义”的论调深入到部分青少年心里。其次,人民生活更加富裕,家长的“再苦不能苦孩子”的育儿理念也让现在的中学生零花钱变多了,消费升级的需求自然就强烈了。再者,社会包容度越来越高。就连男生,现在也讲究搞个发型烫个头做个面膜。结合以上分析,采取以下应对策略:

策略:

于“细节”关心学生,凸显人的存在感

身为班主任,每天的晨午检是常规管理之一,杨老师做得很好!第一时间发现有学生未到,他及时电话联系家长并询问小美情况,家长接到电话是很欣慰的,也能充分感受到班主任的责任心。其次,还可以更进一步,当家长说话支支吾吾时,要有教育的敏感,可能这里有隐情:如果家长话里话外不想让老师介入,或者孩子是生病了,而且孩子确信是在家,老师可以暂时准假,再观察后续情况;如果从家长的口中感觉到是孩子在闹情绪,家长希望得到老师的帮助,此时,建议让孩子接听电话,关切地询问她是不是哪里不舒服,同时自然地传递——今天班级会有一些趣味活动,而且你最喜欢的英语老师关心你怎么没有到校……孩子毕竟是孩子,她的内心深处是渴望得到集体的温暖的,尤其在意自己喜欢的老师对自己的关心。这个电话之后,孩子基本上是会回到学校的。当然,可能还会有另一种情况,她依然不想来上学!“山不过来,我过去”,建议杨老师放学以后带着几个班干或者和小美比较要好的同学一起去看看她。亲其师信其道,良好的师生关系、同学关系是治愈一切疑难杂症的良药。当老师们助力小美在班级找到了存在感,对其进行教育就有了很好的情感基础。

于“三观”引导学生,构建人的安全感

第一,正确引领价值观。社会环境对孩子们的影响和诱惑极大,就像他们看

社会摇跳得好可以赚钱,他们也会蹭热点扮丑玩段子博热点;就像不爱学习的小学生怼家长,"老爸,读书有啥用呢？还不如当网红来钱快!";就如小美化浓妆结交不良少年一事,她觉得自己能呼风唤雨"很社会"、讲义气……这是价值观问题,需要班主任利用好班会课等教育阵地系统而全面地渗透引导。小美们正处于青春期,行为比较"叛逆",总是喜欢模仿大人的行为,以此来证明自己"长大了"。但是很多大人的行为,其实并不适合初中生做,比如,化浓妆,穿奇装异服,搞古怪发型等。这些不仅会伤害皮肤、破坏清纯的形象,更易滋生攀比心理、分散注意力,严重的会影响到他们的学习和人际交往。

第二,撕掉伪装,走出阴影。从心理学角度分析,小美被内心潜在的需求和愿望所支配,形成了自己都意识不到的观念——我要用你们反感的行为方式来引起你们的关注！也许,这个家庭缺少了温暖和陪伴,而她在成长的过程中发现,只要自己做出格的事情,比如化浓妆,家人就会打骂她;然后她歇斯底里就会得到更多的情感和照顾。这种潜在的愿望形成了,就像种子一样在内心里发芽长大,形成一种看不见的力量,这种潜藏于内心、暗中支配人行为方式的力量叫作瘾。于是,虽然小美可能在理智上知道某些行为和做法是不恰当的,但她还是会去做。如果不追溯化妆成瘾背后的动机,还不停地用归罪于外在的思维方式去解决,那是很艰难的。爱因斯坦曾经说过:"一个问题不可能通过引起这个问题的思维模式本身来解决。"遇到这种情况,我们暂且"冷处理",利用一切可利用的教育资源影响并指引她努力成长,只有她变成最好的自己时,她才会帮助自己找到戒掉这个瘾头、脱下"套子"的动力!

毋庸置疑,此时能给到小美最大支持的应该还是她的家庭。通过了解,这个家庭起核心作用的是奶奶,她比较强势,强势的家长自然会有强大的控制力量。要想转变奶奶的教育方式非一日之功,要有打持久战的准备。建议班主任要对班级像小美这样的学生,建立关爱台账、耐心地坚持家访、细致地做好记录和反思……要相信,无论是怎样性格的家长,绝大多数都是希望孩子向好向善的,所以,坚持做教育能做的事情,构建小美的安全感,其他的就交给时间吧!

于"美育"成就学生,成就人的价值感

爱美之心,人皆有之。对于学生造发型、化浓妆、爱打扮等现象,我觉得不能

一概而论,更不能一棍子打死。既要因人因事而异,更要巧妙引导,提升其审美趣味。女性爱化妆,是再正常不过的事情。小美不过是把爱美提前了一段时间而已,只是不知道怎样表达自己的价值感,不知道不同阶段的美的内涵。事实上,青春期的女生因为内分泌的影响,加上学生党不舍得购买优质化妆品,皮肤会容易长痘痘之类的,反而不美。怎么引导她们明白这些道理呢?

班主任和老师们的说教对小美来说早已经免疫了,而且因为老师们也不是美学、美容方面的专业人士,有些道理说出来难免会苍白。所以,班主任可以就"如何提升学生的美育品位"下足功夫:借助家长圈或者社区力量,邀请美容科、皮肤科医生到学校和班级同学面对面交流,让孩子们知晓化妆尤其是化浓妆会造成的危害——皮肤变差、长痘痘、长斑等;邀请学校音乐老师教他们仪容仪态,细到表情管理、走路姿态、说话腔调、衣服颜色搭配等,让他们明白"爱美没有错,但要理解真正的美不是靠化妆化出来的,应是内在的气质与修养";搜集和"审美"有关的各种影视、短视频等,让他们在比较、讨论、辩论中顿悟"化妆品会掩盖你眼里的光,遮住你灵动的朝气"。当班级同学的审美在一天天改变,校服都能穿出干净清爽活力的美时,建议再找小美来聊聊天。让她说一说周围同学的改变,听她谈谈对这些美学课程的认识……当然,还要做好小美可能不为所动的心理准备。如果真是这样,还可以做什么?可以先建议她化淡妆,老师可以送她一个小小化妆品并手把手教她,慢慢让她看见"清水出芙蓉,天然去雕饰"才是青少年真正的美!引导她明白:化妆出门本身无罪,但是画得不好看,甚至耽误了很长时间影响到了学习,那就暂时放一放呀。当一个孩子的审美能力进阶了,她就会豁然明白美的真谛,不化浓妆指日可待。苏霍姆林斯基曾指出,真正的教育只有当学生有自我教育要求时才能实现一切外界的教育,必须通过主体的内化,才能转变为本身素养。

于"集体"包容学生,重建人的归属感

案例中的小美是八年级学生,她化浓妆上学,足见班级缺少相应的班规公约;另外,班主任和任课老师们常常找她谈心、劝告,她表面接受,内心不为所动,足见谈话法难以奏效。所以,为了不让小美的行为在班级扩散对其他女生产生不好影响,当务之急是召开一次班干扩大会议,结合小美化浓妆上学一事以及未来可能

还会出现的一些问题，深入探讨交流，再在主题班会上举手表决通过决议，让所有学生明确：班规是师生共同决议产生的，必须是用来遵守的！如果违背班规就按照班级的共同约定进行相应的奖惩措施。而针对小美本人的教育，此时最无用的就是谈话了！姑且冷处理，从提升全班同学的审美素养入手，重建小美的归属感，以班级的影响力来慢慢转化她。俗话说，蓬生麻中，不扶自直。马卡连柯曾说，不管用什么样的劝说，也做不到一个正确组织起来的自豪的集体所能做到的一切。班级可以通过集体内部重要的集体因素影响每个学生，使他们受到教育。所以，有的学生不怕班主任，但害怕集体的舆论。通过集体舆论能制约、克服班集体中一切不健康的思想和行为。

美育是指培养学生认识美、爱好美和创造美的能力的教育，也称美感教育或审美教育，是全面发展教育不可缺少的组成部分。小美的案例也在启示我们：时代在进步，我们教育人也应该与时俱进，不断更新教育理念，只有先走进学生的心灵深处，你才能找到打开她心门的钥匙！如果每一个“小美”在美育课程的指引下，在老师耐心科学地帮助下，能让自己真正实现由内而外的美，这该是一件多么有意义有价值的事情！

（黄　峥）

戒除心瘾行正道
——初中生玩手机上瘾怎么办?

案例:

小佑同学因玩手机游戏上瘾,上课睡觉,导致成绩直线下降。老师让他别玩手游,他还振振有词,说:“我爸妈他们也玩手机,凭什么我就不能玩?”小佑同学成绩一般,在八年级上学期开学没多久就被他的家人发现他经常以写作业为名,熬夜甚至通宵玩手机游戏。家人多次劝说无效,其父甚至为此和他动过手,他也答应不玩了,可没多久,他又偷偷拿钱买了一部新手机接着玩了。小佑有一个弟弟,刚上小学,父亲是厨师,母亲在工厂上班,平时家人因工作繁忙很少有时间管他。

分析:

上述案例,是当前初中学校中经常遇到的问题。玩手机上瘾,特别是如案例中的小佑同学痴迷于玩手机不是个案。从表面上看起来,是因小佑用手机玩游戏成瘾,深入分析后,不难发现其成因是多方面的:

(1)从孩子自身的角度来说,他生在一个二孩家庭,父母在潜意识中,不自觉地会把精力偏移到他年龄较小的弟弟身上,容易使他产生孤独感,而手机游戏会为他提供一种不同于真实世界的情感体验,虚拟现实的可实现与易实现也会让他很容易转向虚拟世界来寻求情感的补充。

手游的设计者在各种手机游戏中设置的挑战满足了孩子的好奇心,让学生欲罢不能。

此外孩子自身缺乏自控力,对自我要求不高也是重要原因。

(2)从家庭层面说,首先孩子的家长在对孩子实施教育时没有起到很好的示范作用,孔子曰:“其身正不令而行;其身不正,虽令不从。”此外,小佑的家人对他也疏于管教,到出现问题时再来干预已迟。此外,其家人的教育方式也过于简单,正如陈宇老师所说：教育好孩子的起点是“他为什么会这样？”他的父母认为只要孩子表态了，手机收了，孩子就会改过来，就会变好，却很少思考小佑沉迷于手机游戏的原因。

(3)家校沟通不及时。如果孩子第一次玩手机游戏，家长发现后立即和老师沟通，立即采取相对应的措施，孩子绝不至于深陷于游戏中而不能自拔。学校如能及时发现孩子的异样，也能做到早发现，早预防。

策略：

摸清情况再施策。

首先要摸清楚孩子“手游”的成瘾度，然后才能“对症下药”。

对孩子的情况摸不清楚，你的处理方式就不对症，就做不到“精准帮扶”。——若采取的措施过猛孩子反应会过激，可能会适得其反。若采用的办法轻描淡写，在孩子心里起不到应有的“波澜”则无效。

小佑同学被发现上课睡觉后，我找他谈话，他拒不承认玩手机。我让他家长把他带回，问其中的原因。

其回去后的第一天上午，他父亲就联系我说孩子白天睡觉是因作业多，写得太晚导致的。同时他父亲说小佑先前玩的手机已被没收了，他上课睡觉不可能是玩手机引起的。我不信，让他父亲再问。果然，小佑承认自己是在夜里家人全部睡了后才开始玩手机，手机是自己从家里拿了 700 元买的二手智能手机。他的父亲问他手机藏到哪里了，他说前几天借给同学玩了。这显然是谎言。后来，在他父亲一再追问下，他从自己的床下拿出了一个手机。

从这个孩子抽丝剥茧式的交代情况来看，其手游成瘾程度极深，要改变他，必须下大力气。

转移注意确有效。

在班级中，我要求他每天为班级做一件事；在家里，我让他父亲坚决杜绝他玩手机，并让小佑通知他在游戏里的队友以后不再玩游戏了。平时在家里，除了完成作业外，还要他做适当的家务。我让其父亲，每天无论多晚，都要陪他半个小时,主要是关注其思想动态,以便调整我们的教育方式。

替代需求是正途。

此法就是用别的健康的娱乐方式来代替"玩手机"。比如,允许其适当地看一会电视,可看纪录片等正能量的影视节目,也可以让他玩一些自己喜欢的体育项目。小佑喜欢打乒乓球,我让其父亲带他到乒乓球兴趣班去学习,让他参加一些小型的乒乓球比赛,以转移他的兴趣点。除了用活动替代法,我还要求他的父母给他买了一个只有通话功能的电话手表给他,以方便他有事时及时和父母联系,不给他再次玩手机的借口。

循序渐进讲技巧。

学生对游戏、对手机的心理依赖一旦形成,想在短的时间内让其戒除"心瘾"是很难的。必须用逐步改进的方式来帮助他们摆脱对手机的依赖。这亦如戒毒所的戒毒之法,对毒瘾过大的人用"逐步减量法":即给戒毒人非常少的毒品,后来越来越少,直至最后一点不给。所以,我让其父亲有心理准备,允许小佑有情绪上反复,慢慢来改变他。

耐心陪伴是根本。

一开始,当小佑的家人把手机从他身边拿走时他魂不守舍,整天浑浑噩噩,没有方向,不愿学习。这时,家人的耐心陪伴就显得尤为重要。在这方面,小佑的父亲虽然文化程度不高,但他以其超常的耐心,做到始终如一陪儿子一起改进。刚开始,他的父亲每天晚间都陪孩子学习,陪孩子睡觉。后来,等孩子的情况略有好转了之后,他要求孩子学习时别关房间的门,他自己在客厅看书,同时,他要求孩子的母亲不要在孩子面前玩手机。因为"以身教者从,以言教者讼"。经过两三个月的坚持,天佑上课终于不再睡觉了,各科的作业也能按时完成了,成绩也有了大幅的提升。

当孩子的情况出现反复时,家长和老师一定要有耐心。在戒除玩手机瘾的过程中,小佑出现了几次反复,第一次是在他有所改变的一个半月以后,他又开始神情恍惚,晚间偶有失眠的现象,有时不写作业,老是想着玩手机。这时无论是他的家人还是作为班主任的我都及时跟进了。他情况有变时,我立即找他谈心,并指出,要改变一种习惯,关键在于坚持,在于自律,同时让孩子说出当下他想做的事,遇到的最大困难,我和他共同商讨适合他的应对办法。我也让其父母在家时注意孩子的表现,如有异样,要及时处理,要多和他沟通,让孩子说出自己心里的困惑、不满、烦心之处。只有这样,孩子戒除网瘾的速度才会快些,也有利于孩子从心理上根除网瘾。后来,他的父母每看到他情绪上出现反复时都能细致耐心地应对,也想办法用聊天、散步等方法消除他的负面情绪,收到了不错的效果。我在他改变的过程中也及时给予他鼓励与支持。

在平时的生活中,他的父母也注意到,不再把注意力过多地投入到第二个孩子身上,逐步改变了“孩子大了不要管”的观念。

同伴引领很见效。

在孩子克服“手机依赖症”,“游戏瘾”的前与后,我在班级内,成立了一个四人的帮扶小组,这四个人都是和小佑关系较好的同学,有擅长打乒乓球的,有学习习惯好的。通过这种资源互补的组合,能给予他全方位的帮助。同时,我也在班级开展了辩论赛,主题即为“我们应该如何用手机”,也开展过“我们如何才能做到自律”的讨论。通过同学和班级的活动,来让他树立正确的“学习观”、“人生观”,以便提高他自己的思想觉悟。

促其自省戒心瘾。

所有措施的实施,最终还是要孩子自己自省,积极反思才行。孩子自己没有觉悟到,改变或进步只能一时的现象,绝不能长久地坚持下去。我和其父亲在这个过程中,一直注重让其把自己在克服困难中的点点滴滴记录下来,总结这个过程中的得与失,特别是他在改进中的成功之处,我让其在班级中分享,希望以他自己成功的体验来促其“自省”,此种做法成效明显。至八年级期末时,小佑同学成绩显著提升,在与同学交往时也展现出了积极乐观开朗的性格。家人也多次反映,其在家已不玩手机了。

(陈　聪)

巧变"惩戒"为"培育"
——如何让惩戒变得更有效?

案例:

小然同学是潜能生,从七年级开始,上课就不怎么听课。到后来上课不是睡觉就是捣乱。甚至有一次,他把英语老师气哭了。他被罚站过,被校长室处理过,也被停学过一周,校方也多次令其反思,但都没有什么效果,依旧我行我素。

小然的父亲常年不在家,几乎不管孩子,妈妈文化程度不高,无业,对他非常溺爱。他现在在家没人能管到他,在学校也变得越来越放肆。

分析:

像小然同学这样的学生在初中不在少数。小然同学变成今天这样其原因是多方面的:

从其自身来看,是其成绩不好导致的。因其成绩不好,同学都有些看不起他,他自己也自暴自弃,于是作业不写,成绩就变得越来越差,到八年级时英语、数学等科目根本听不懂,所以就干脆在课堂上睡觉,甚至对其看不惯的老师做鬼脸,扰乱老师正常的课堂教学秩序。

其次是家庭教育没跟上。李玫瑾教授将初中生的人生分为抚养阶段和性格培养阶段,这两个阶段决定孩子一生的底色。这两个阶段培养得好将会起到事半功倍的效果。很显然,小然同学的家人对其各阶段教育是缺失的,导致孩子到了青春期后,他们想教育却心有余而力不足。而孩子的母亲一味溺爱,使得他更加有恃无恐。

学校和家庭没有形成合力。学校对孩子的教育目标没有取得家长的支持,孩子在有问题的前期,家长也没能及时和学校反映问题,致使孩子违规违纪的行为愈演愈烈。

不利的舆论导向所致。无论是其家庭还是社会舆论，抑或是班级中的舆论场，都有一种不好的言论倾向：和成绩不好的同学少沾一点，他们都是不想好的孩子。这样的舆论氛围不利于他们往正方向上的成长。

策略：

深入分析其成因

小然同学这种情况，不是一天使然。我和其家长做了深入沟通后得知，从小学起，他就是上课不听、作业不写。偶有老师上门家访，但一两次后见他没有什么改变，就随意地罚他抄抄作业或罚他扫扫地就算了。所以，给孩子造成了犯了错，大不了就是给老师处罚一下就算了的潜意识。对这样的学生，简单的说教和一般的小惩戒是没有任何效果的，必须找到正确的切入点，然后对症施策，才有可能让他在老师对其实施管教时有所敬畏，从心底产生改变的原动力。

找其优点来褒扬

我们必须要遵循的一个原则是：教育惩戒的目的是为了育人。

每个学生都有其两面性：一面向善，一面是恶。作为老师，要善于挖掘他们身上向善的一面，用他的善念来谱写出属于他们自己的乐章。面对犯错，特别是屡次违规的学生，要尽可能地用包容的心态去面对他们，"人非圣贤孰能无过"，要善于从这些孩子身上找出这些孩子犯错的主导之因，努力去找寻他们身上的闪光点，并大力褒扬。这样可以做到借助惩戒给学生提供一次自我更新和发展的机会。教学惩戒处理得好，就是一次成功的教育契机；处理不当，就会影响孩子的身心健康发展，甚至会对其终身都有影响。

小然同学在又一次被作为班主任的我口头警告后，回班后还很得意。他在班级，没几天又开始违纪，这次是和女生打架，虽没严重的后果但这是属于"明知故犯"，性质恶劣。家长强烈要求带小然同学回家反省。当他收拾好书包，准备走的时候，突然跑向他妈妈，问他妈妈要钱，说："妈，我欠小林同学钱，给三十元钱给我还他。"

我一惊，他可能觉得自己此去肯定回不了学校，但他仍没忘记欠别人的钱，说明他品性不坏。我立即和她妈说:“他能想起还别人的钱,是好事,你给他钱,把他欠同学的钱还了。不然他自己在家也不安心。”

他走后,我在班级中问同学们:“你对小然同学刚才的做法怎么看?”大家在发言中对他的举动一致表示赞赏,我顺势又问:“你觉得小然同学还有哪些优点?”先是一阵沉默,然后有的男生站起来说:“他集体荣誉感挺强的,去年运动会的时候,其他班有个男生说我班不行,他上去就和别人理论,还差点和别人打起来了。”我立即就说:“你看,所有人都有他的优点,只要你换一种视角去看待。如果这次他能知错就改,到时我们大家一起来帮助他好不好?”同学们都异口同声说:“好!”

改变舆情促转变

小然回家第三天,他的妈妈打电话给我,说小然在家多次表态说以后再也不犯错误了,想回学校。为了更好地对小然同学实施教育,以小然一事为契机,来提升班级整体尊师守纪意识,形成良好的班风,我做了以下工作:

我先在班级里和同学们说明小然父母本想让他在家反思 7 天,但他三天就想返校,你们觉得他如果返校应该怎么帮他,我们应该怎么做?——这样做是统一对小然的返校一事的认识。

这种统一分两个层次,首先要在班级形成对违规违纪行为的集体抵制意识。先让成绩好的同学主动作为,积极帮助小然的同学。在初中的班级中,成绩好的同学能获得班级同学自发的认同,他们的一言一行对班风好坏往往起到决定性的作用,但这部分成绩好的同学一般都认为,自己的成绩好是自己辛苦努力学习得来的,与班级纪律的好坏和环境关系不大,所以面对类似小然这样违规的行为,这部分人往往无动于衷。

成绩好的这部分同学如能积极行动起来,对违纪行为采取抵制行为,那像小然同学这样再做违纪之事时定会有所收敛。

其次,让小然身边的“微环境”能有改变。如果仅仅只是对小然实施惩戒,其自身的改变一来较慢,二是因其自己的行为习惯定势,改起来定会反复。如果改变小然身边的那几个“死党”对违纪行为的认识,让他们对校纪班规有敬畏之心,下次小然再违规时,他身边的朋友劝其不要做,比老师在小然违规后苦口婆心的说教要有用得多。

据此，我分别找了班级表现好的同学逐一谈话，我给他们的思考题是：“以后在遇到类似小然这样的违规行为，你怎么去抵制？”他们做了深入的思考，都表态将积极抵制并帮助违纪同学，力争他们不再违纪。

我找了小然的“死党”，指出真正的诤友是帮助朋友更好地前行，不是在他滑向泥潭时不管不问甚至推波助澜，让他越陷越深。你漠视甚至帮助朋友违纪，你的朋友有可能因多次违规，最后彻底离开学校。如果你真心想帮助朋友，你就要严格要求他，这样才是真的为他好。

通过谈话，小然的这些“死党”都认识到自己身上的问题，都主动表示要改正以往错误做法，小然再回来会主动帮助他并提醒他不要再违纪。同时我要求他们成立了一个监督小组，以便把对小然的帮扶落到实处。

除了上述工作，我在班级也让其他同学思考：“面对违纪的同学，你该怎么做？”并让每位同学给出自己的答案。

通过这几个方面的工作，我改变了班级里对待违规学生的舆论导向，统一了认识，让班级里的正方向上的舆情占据上风，并且从整体上改变了班级的班风，形成了风清气正的氛围。

小然几天后回到班级，我发现班级里的同学是真心在帮助他，真心助其回归。小然有小的违纪，他最要好的朋友会提醒他。学习上他不行，成绩好的同学会一对一帮助他。我也要求小然从点滴做起，要求其家人杜绝他玩手机。后来，他上课时不睡觉也不再捣乱了。我问他：“为什么这次回来有这么大的变化？”，他说：“感觉这次回来后班级变了，再做什么自己都不好意思。”

立足小处促改变

仅仅是短期里小然不做违纪之事他还能做到，如果小然长期没事可做，不学习，他还是会重走老路。基于这样的考量，我据其情况，要求其无论是学习上还是生活中都要从小处慢慢改起，这样聚少成多，以量变促质变。我先让其定一个小的计划，这个计划其家人，我和帮扶小组的同学各执一份，以便监督执行。实践证明，此法甚好，有实效。

补偿惩戒谋发展

小然再次回到班级后，仍时有小的违规，我立足于其终身发展，对其实施补偿性惩戒。

小然在有小的违纪事件发生后,我对他给予的惩戒是要求他的某一科成绩要提升到多少,比如,他当初有所改变之前,他的数学成绩一般只能考到20分左右,有时更低,我就要求他,数学要考到25分,然后再逐渐往上加,如达不到要求,我再做公益性惩戒,比如前一段时间,我曾经让他担任班级公物管理员,班级公物上有损坏,我让他及时上报,也让他做过跑操队形监督员等。

立足于学生发展的补偿性惩戒比单纯的对小然惩罚的效果要好得多,通过做上述公益性事务,他的责任意识明显增强。

总之,班主任要善于利用好每一次惩戒教育之机,达到教育学生乃至整个班级的目的,这才是实施惩戒的最好归宿。

(陈　聪)

践行劳动教育，品味甜美果实

——学生不会打扫卫生怎么办？

案例：

九月份刚开学，小张老师担任了七年级五班的班主任，每天早晨他都早早到校。一方面为了督促学生交作业，另一方面他还要查看教室和卫生区的卫生。可是，他每次检查都发现，卫生总是不尽如人意。不是窗户没有擦干净，就是地上脏兮兮的……张老师叫来劳动委员询问情况，可是他反应同学们打扫卫生时都很认真。这到底怎么回事呢？小张老师决定放学留下来观察。一连几天，他终于发现，不是同学们不打扫卫生，而是根本就不会打扫卫生。用过的抹布也不用水清洗，一块脏抹布擦完了所有窗户。地上的灰尘和纸屑也不清扫，就直接用拖把拖，甚至有学生都不会使用拖把。面对这种情况，小张老师应该怎么办？

分析：

劳动教育是学校教育的一个重要方面，魏书生老师曾说过："劳动使人快乐。"随着社会经济的不断发展和提高，很多学生生长在比较优越的生活环境中，他们的劳动能力和观念已经逐渐弱化。上文提到的七年级学生不会打扫卫生肯定不是个例。而这些孩子的劳动能力弱化除了一些客观因素外，还有一部分原因是家长对孩子参与劳动的态度参差不齐。例如：

重学轻劳型。有的家长认为学生最重要的任务就是学习，只要学习好，其他一切都可以忽略不计，劳动会耽误学习时间。

谨小慎微型。学生只要一动手干活，家长就立刻叫停他们。甚至不让他们进厨房，生怕孩子受伤。他们认为孩子的自理能力还没有成熟。

主动放弃型。家长经常抱怨："孩子在家啥活都不干，只要让他干点活，跑得比兔子还快！算了，有批评他的功夫，我早把活干完了。批评了，他不听，我倒是一肚子气！”

如果家长一直持有以上的劳动教育理念，那么孩子心中的那点劳动“小火苗”也早就被浇灭了。劳动教育观必须从小就开始培养。劳动并不是一种负担，而是一种幸福、一种成长、一种受益终身的宝贵财富。七五班学生懂得值日的重要性，想要把卫生搞好，但是却掌握不了方法。这说明他们缺少必要的劳动指导和劳动空间，没有养成良好的劳动习惯。当然，劳动教育并不是一蹴而就，而是一个持续而又漫长的过程。

策略：

任务精细划分，榜样身先示范

俗话说：“不会干活的人，眼里肯定没有活。”首先，我会让全班同学仔细观察一下班级有哪些地方需要打扫，做到不留任何卫生死角。然后，将全班同学分成五组（周一到周五），每组选一个组长，组长给每个组员安排固定的任务，例如小亮负责拖地，小云负责擦黑板和收拾讲台……这样的精细化管理，使得每人各司其职，做到每一个角落都有专人负责，人人有事干。每天值日结束之后，组长带着组员一一巡查，看看是否有需要改进和提升的地方，争取下次清扫的时候不出现同样的问题。

针对不知道如何打扫卫生的情况，我想最直接有效的方法就是教他们如何做。我们可以请有经验的家长或者打扫卫生比较出色的学生当“小老师”，示范如何扫地、拖地、擦窗户等，以及传授一些“小秘诀”。例如：黑板上的粉笔灰如何清除才能不留痕迹，怎么擦窗户才能使窗户变得明亮……等每个人把各自的任务都做得非常熟练和出色之后，再让他（她）把经验传授给组内接替他（她）的另外一个人。这样不停轮流，直至每位同学把所有岗位都轮流一遍为止。一段时间过后，班里的所有同学都成了打扫卫生的小能手，放到任何岗位上都能“手到擒来”。

评比定期举行，抓拍分享成功

每天早晨第一节课前，由老师和劳动委员检查卫生并根据值日评分细则分别打分。每周评比一次，分数最高的小组在班会课上提出表扬并给予奖励。每当小组上台领奖的时候,其他组的同学立志下一次一定要超过这一组。这样的激励措施有利于提高学生的劳动积极性。评比细则可根据具体情况进行适当修改。

________班卫生评比细则

检查区域	检查项目	检查要求	分值	得分	改进措施
教室内外	桌椅	摆放整齐,横成排,竖成列;桌面无张贴,干净整洁。	10		
	地面	干净整洁,无灰尘,无杂物、印迹等。	10		
	门窗	玻璃洁净明亮;门和窗台擦拭干净。	10		
	墙壁	无污迹,班级文化张贴整齐,无破损。	10		
	黑板	黑板擦拭干净,无粉笔灰积压。	10		
	灯管、电扇	干净,无灰尘。	10		
	卫生角	卫生用品摆放整齐,无损坏。	10		
	讲台	讲台无灰尘,物品摆放整齐。	10		
	电子白板	擦拭干净,无灰尘。	10		
	走廊	无纸屑,灰尘和印迹等。	10		
合计			100		

班主任也可以在学生平时劳动时,抓拍他们的劳动瞬间,通过QQ群,微信群,班会课等途径和家长们、同学们分享这些瞬间,增强学生的劳动成功体验,分享劳动胜利果实。

家校共同携手,拓宽劳动范围

劳动不仅仅局限于在校期间,也可以是每天放学回家或者周末帮助父母干家务活,或者是闲暇时间学习一些劳动技能。当然,校外的一些亲子义工活动等也属于劳动教育的范畴。我把这些活动的照片收集好定期在教室里贴出来,或公布在班级公众号上,鼓励其他同学向他们学习。在疫情期间,由于行动受限,同学们除了在家上网课外,能够参与的劳动非常有限。于是,我组织了"我是厨神"的活动。同学们根据家长提供的食材,拟好食谱,从洗菜、切菜到烧菜、摆盘、刷碗,从早餐、中餐、到晚餐都亲自操刀，从学生反馈的照片上不仅可以看到一道道养眼的美食，或是一家几口围坐桌边享受美食。还可以看到学生亲自下厨，围上围裙的场景。这次活动受到了家长们和学生们的热烈欢迎，好评如潮。学生通过亲自动手收获劳动带来的认同感和价值感。

家长们的态度很大程度上影响着学生的劳动积极性。对于之前提到的家长的三种劳动惯性思维，我会通过和家长单独交流以及家长会，强调劳动的重要性。不管学生的学习成绩如何，孩子最终都要进入社会，独立生活。对于孩子力所能及的事情，不要包办。在保证安全的前提下，放手让孩子去做家务等。允许孩子犯错，只有不断试错后，才能品尝成功的果实。我还给家长发送一些学生参与劳动照片、视频以及学生劳动后写的心得体会，组织活动让家长和学生共同劳动，让家长看到劳动对于学生世界观、人生观、价值观的重要性，甚至影响到孩子的生活品质。家长们也不断改观，重塑自己的劳动教育观。

引发情感体验，内化劳动习惯

通过班会课，团体活动等形式培养学生“主动劳动，劳动光荣”的意识。例如：在班会课上提出问题引发讨论：“什么改变了世界?”介绍中国十大劳模，学习劳模精神，激励广大学生崇尚先进、学习先进、争当先进，努力营造劳动光荣的风尚；引导学生观察身边的平凡人，正是由于他们在普通岗位上的默默奉献，才照亮了社会，温暖了人生。通过这些情感教育，学生主观上认同劳动的价值，才能内化为自觉的行为习惯。

劳动教育是五育并举的重要一环，引导学生树立正确的劳动观点和态度，热爱劳动，养成良好的劳动习惯，才能真正培养好祖国的合格建设者和接班人。

（刘　倩）

劳力劳心，亦知亦行
——学生不愿意劳动该怎么办？

案例：

近日，小李同学（七年级）的家长向我反应：假期小李除了完成老师布置的学科作业外，家长想让他在家里做一些力所能及的家务活，可是说什么他都不愿意做。为了让他做家务，小李的父母想出了各种招数：洗一次碗给5元钱，洗一次衣服可以看半个小时的电视……无论是物质奖励，还是精神鼓舞，小李同学始终不为所动，以各种理由拒绝家务劳动。如果你碰到家长反映这样的问题，你该怎么办？

分析：

上述案例中出现的问题可以归结为劳动教育问题，家务劳动也是劳动教育的重要内容。不愿意参与劳动，普遍存在于当今的中学生的身上，小李并不是个例，具有一定的代表性。很多学生存在不爱劳动、劳动技能低、劳动知识少，没有形成良好的劳动观念等问题。

2020年3月中共中央国务院颁布了《关于全面加强新时代大中小学劳动教育的意见》。《意见》指出，劳动教育是国民教育体系的重要内容，是学生成长的重要途径。对于初中阶段的学生来说，其主要内容为：兼顾家政学习、校内外生产劳动、服务性劳动，安排劳动教育内容，开展职业启蒙教育，体会劳动创造美好生活，养成认真负责、吃苦耐劳的劳动品质和安全意识，增强公共服务意识和担当精神。

学生不爱劳动的原因是多方面的。有的来自家庭，有的来自学生本身，也有的来自学校和社会。对于一个初中生来说，一些简单的家务劳动应该是可以完成的，但是案例中提到的小李同学不愿意做，属于能做而不愿意去做。对此，我们可以采取多种措施对学生进行劳动教育，主题班会就是其中一种。为帮助学生形成良好的劳动观念，树立热爱劳动的思想，我召开了一次名为“劳力劳心，亦知亦行”的主题班会。

策略：

召开劳动教育主题班会

班会主题：劳力劳心，亦知亦行

一、班会背景：

随着社会的发展和生活水平的提高，很多学生习惯了衣来伸手、饭来张口的生活。学生应懂得劳动最光荣、劳动最崇高、劳动最伟大、劳动最美丽的道理，长大后才能够辛勤劳动、诚实劳动、创造性劳动，成为一个德智体美劳全面发展的人。

二、班会目标：

1. 通过活动让学生认识到劳动的重要性，树立爱劳动的意识，培养爱劳动的习惯。

2. 教育学生尊重劳动人民，珍惜劳动成果的思想。

三、班会前期准备：问卷调查，视频，倡议书

四、参加对象及地点：七(1)班全体学生，教室

五、班会过程：

活动一：问卷调查结果展示(附问卷调查表)。

七(1)班劳动教育问卷调查

亲爱的同学们：

非常感谢参与本次调查。本问卷旨在了解本班学生劳动现状，采用匿名的方式，问卷中各问题答案无正误区分，请结合自身实际情况作答即可。

1. 你的性别是？

○男

○女

2. 你会做家务吗？

○不会

○只会做 1—2 种家务

○会做 3—5 种家务

○会做 5 种以上家务

3. 你做家务出于哪些原因？

○自己主动做

○父母要求

○老师要求

4. 你每次做家务的时间一般有多长？

○5 分钟以内

○5—10 分钟

○10—20 分钟

○20 分钟以上

5. 爸爸妈妈对你做家务持什么态度？

○非常支持

○做不做无所谓

○不支持，怕耽误学习

○不支持，怕做不好

6. 你做过哪些劳动？

○扫地、拖地

○洗碗筷

○擦桌子

○倒垃圾

○洗衣服

○整理房间

○炒菜做饭

○社区公益劳动

○其他

主持人：通过问卷调查，我们发现很多同学存在着依赖父母，在家里很少做家务的现象，自己的事情也常常借口不做，更不要说去做其他的劳动了。

活动二：正反辩论。

将全班同学分成两组：正方和反方。辩论主题为：中学生应不应该主动做家务？

活动三：倾听父母的心声。

部分家长提前录制视频。在视频中，他们向孩子们诉说了平时生活中不为人知的不易和艰辛。学生看过，感触颇深，甚至当场落泪。有同学表示，父母的辛劳自己从来不知，认为一切都是理所当然的。自己连基本的家务活都不愿意帮父母分担，为之前的行为感到羞愧。

活动四:观看视频《劳动人民的手》。

观看视频《劳动人民的手》，树立劳动最光荣的理念。农民的双手布满了老茧，却换来了丰收的喜悦;环卫工人用自己的双手美化了城市环境;白衣天使用自己的双手温暖了病人的身心……

活动五:寻找身边“最美的手”。

主持人给学生布置一项任务。课下采访身边的人，给他们的手部拍个特写，记录他们工作时的美好瞬间。班会课上与全班同学一起分享“最美的手”以及背后的故事。

活动六:宣读倡议书。

班长宣读七(1)班《热爱劳动，从我做起》倡议书。倡议同学们:从现在做起，从身边做起，从小事做起。同学们纷纷在倡议书上签字。

活动七:班主任总结并宣布班会结束。

举行劳动教育评比活动

劳动教育问题光靠召开一次主题班会是不能解决的，而且学校里的日常劳动也只是劳动的一个组成部分。我们要多措并举，才能收到持续而又良好的教育效果。比如:我们可以以班级为单位，布置学生利用课余时间学习一些家政劳动(做饭菜、钉纽扣、熨烫衣服等)，设立一个评价表，请家长做评委给出评价。然后，举行一个相关比赛(美食节、钉纽扣比赛等)，评选出优胜者，颁发奖状或奖杯等。

家务小能手

________活动评价表			
评价内容	自评	家评	家长寄语
操作前的准备活动			
操作过程中的优缺点			

劳动成果评价			
劳动态度评价			

（评价表范例）

推行劳动教育跟岗活动

为了让学生加深对劳动的理解，短暂的体验是不够的。我们可以让学生从身边的角色中选取一部分作为“跟岗活动”的对象。例如：图书管理员，食堂工作人员，保洁人员等。以周为单位，学生每周抽出固定时间观摩他们的整个工作流程，也可以在工作人员的指导下动手劳动。

在一段时间的“跟岗活动”结束后，通常这些同学对于此项工作流程已经驾轻就熟，甚至是能够提出很多有建设性的意见，比如，如何改进学校图书馆的借阅流程；如何在师生就餐期间快速有序地提供食物，如何提高卫生间的清洁度……

只有当学生对于劳动产生独立的思考时，我认为这样的劳动才更有意义，才能更快地内化为自身的品质。

当然，我们也可以和社区或公益机构联手，让学生参加一些公益劳动等；还可以带领学生深入田野、工厂、公司等进行体验式劳动教育。

总之，劳动教育是“五育”中重要的组成部分，是学生发展之根本，我们必须予以高度重视。劳动教育也是潜移默化的，它和我们的日常生活和学习密不可分。我们要紧紧抓住一切可以利用的机会，对学生进行劳动教育，最终使他们受益终身。

（刘　倩）

多方施策明“生涯”

——谈如何对“厌学”初中生进行生涯规划教育

案例：

小李同学，成绩不太好，七年级时就有厌学现象——上课睡觉，作业很少写。老师找他谈话，他沉默不语，问多了，就说：“我又考不上大学，实在不行初中念完就不读了。”再问他如果不读书了干什么，他沉默了一会，说：“到时再说呗！”老师家访时发现，小李的父母皆在外打工，对孩子的未来也没有明确的规划。身为班主任的你，该怎么做呢？

分析：

小李小小年纪即开始厌学，原因是多方面的，有亲子教育问题，有心理问题，还有学习习惯问题等。但我认为最主要的还是没有解决好小李的生涯规划，学生如有了明确的生涯规划，自然学习就有了内驱力。小李成绩不好，又没有方向自然会厌学。纪伯伦曾说过：“我们走了很远，却忘记了为何出发。”这句话同样适用于对初中生的生涯规划教育。案例中小李的这种情况是典型的对职业生涯缺乏规划所致。明确自己的人生方向，知道自己从哪里来，到哪里去，找到适合自己的位置，是非常重要的。所以，对待像小李这样的初中学生，从七年级起就实施生涯规划势在必行。

策略：

认识自我是前提

初中生处于青春发育初期，身体上的变化会比心理上的变化来得更快，这时期，他们会很注重自我在别人心里的位置，但他们对自我的认知和定位很模糊，对自己的人生没有明确的规划和方向，尽管这时他们有了一定的自主意识。这时应积极引导学生树立明晰的人生奋斗目标，老师应通过对学生的生涯规划来让孩子感受到学习的意义。章达友教授指出：“职业生涯规划的本质是充分了解和认识自我。”老师可以引导学生从以下几点来综合评判和认识自己：

(1)自我分析。自我分析方法是从分析自己的性格、爱好、技能等方面着手，运用比较和反思分析法，客观总结出令自我愉悦的生活、学习、工作方式和环境。经过分析，能够科学、快速的选择出适合自己的成长之路。

(2)要借助他人评价。只从一个角度看自己肯定是不够全面的，他人的评价能让学生从多个角度分析自己是个什么样的人，这样能建立比较完整的对自我的认知体系。初中生特别在意别人对自己的评价，这时候，老师要教会学生尽可能冷静客观地对待别人的评价。

(3)在生活实践中认识自我。让学生在学校和家庭以及学习生活的种种实践活动来帮助他们进一步认识自己。学生在参加班级和学校的各种实践活动的经历会较好地帮助初中生客观地认识自己。作为班主任要尽可能多创造一些实践的机会来帮助学生认识自我。实践活动可以给孩子带来或成功或失败或沮丧或喜悦等种种感受。通过实践，学生会对自己的性格和能力有个较为清晰的认知。如让学生在假期主动了解从事各种工作的人，请从事不同工作的家长来校讲职业经历等活动就可以加深学生对各种职业的认知。老师对初中生进行生涯规划时要结合当前的就业形势，和当前社会对职业需求的变化来做。

培育性格是关键

性格开朗，活泼大方，有自信心的学生，往往适应能力强，这样的学生，在职业选择上具有多样性。班主任在班级中要实施民主型的管理，这种管理模式有力于学生形成乐观、活泼的性格。老师也要和小李的家人沟通，要求他们要适度夸奖孩子；要能接受孩子失败和犯错并且要给孩子一定的自主权。这些都有利于孩子良好性格的形成。案例中的小李如果具有积极阳光、乐观开朗的性格就不至于在情绪上如此低迷，也不至于在对自己未来的前途感到迷茫。

提升能力是路径

初中阶段的学生对人际交往的意愿有所降低。无论何种职业都需要较强的人际交往能力，然而这个时候的学生几乎认识不到培养人际社交能力的重要性。

具有良好的口头语言表达能力是与人交往的基本条件。在老师的日常教学和各类实践活动中，要尽可能创造各种机会让学生大胆的“讲”和“说”。像小李这样的学生在作业和考试中表现出来的书面表达能力可能还好，但在公众场合根本就不敢说话，在与人交往时也不知如何表达。我对小李侧重了这方面的培养，在教学和各种活动中让他多说，多讲，同时多鼓励他，帮其树立自信。在开展课前小演讲，每学期开展的讲故事比赛、演讲比赛，校内的国旗下讲话等我都积极让他参加。经过多次历练，小李台风和口头语言表达能力都有显著提升，遇见生人也能侃侃而谈，大的场合说话或发言也不怯场了，自信心也有所提升。

要提升人际交往能力，不仅是要学生做到敢说愿说，还要对他们进行技巧和心理方面的指导。要让他们懂得换位思考，懂得尊重他人，现在很多孩子都以自我为中心，在人际交往中很少考虑到别人的感受，在这方面的教育就显得尤为重要了。

人际交往能力提升了，有助于初中生更好地认识自己，对自己的能力等能有个较为客观的认知。这能让学生更好地从事自己的生涯规划。

家校联手最有效

对学生人际交往能力和口头语言表达能力的培养，关键在学生的家人。我多次和小李家人沟通，希望他们在节假日和日常上学时段，他们都能以身作则，率先垂范，能多鼓励并放手让小李走出去，多交往，多参加各种社会活动，以促进他各种能力的提升。

抓好测评才准确

测评是进行职业指导的一项重要的手段。可用“中国才储 MBTI 职业性格测试”等网站让学生进行测评，让学生初步知晓自己大致的职业方向。

学生根据自己的职业目标制定相应的学习和社会实践计划后，自会认真学习，认真规划自己的未来。

只有多方施策，长期在日常教育教学中渗透、实施生涯规划教育，才会让学生明白自己的职业方向所在并为之努力。

我用上述方法来教育引导小李同学，收效明显——在其本人、其家人和老师的共同努力下，八下结束时小李明确了上高职，走技术工人的职业方向，这将掀开他人生发展的新篇章。

（陈　聪）

量身定做指明“生涯”

——谈如何对毕业班学生进行生涯教育

案例：

小陆同学今年初三，她平时性格开朗，与同学们相处融洽。学习成绩在班上一直处于中等偏下。临近中考，她变得整日闷闷不乐，上课不是睡觉，就是发呆，连作业也不写了。班主任王老师和她私下进行了沟通，她也非常坦诚地告诉老师：“我知道自己成绩差，不可能考上高中的。我现在是混一天算一天！到时随便找个中专上不就行了。”王老师也打电话和小陆的父亲进行了沟通。他了解女儿的学习情况，虽然不太同意女儿去上中专，但也不是强烈反对。面对这种情况，王老师该如何处理呢？

分析：

著名规划大师徐小平曾经说过：“人生没有设计，你离挨饿只有三天。人生有无数条单行的轨道，条条都通向未来，许多人却无从选择漫不经心，甚至刻意地走在错误的人生单行道上。”

小陆同学认为上高中是初中阶段学习的最终目的，但是她也深知以她目前的成绩是考不上普通高中的。如果她考不上，只能说明她现在的学习能力可能不如其他同学，但是不代表她没有其他的优点和特长。她性格开朗，和同学和睦相处等等这些都是她的优点。

小陆同学认为上不了高中，就意味着自己的未来一片黑暗，对自己全盘否定，完全丧失了学习和生活的信心和斗志，整日浑浑噩噩，这些现象说明她对于职业的初步探索和升学路径上缺乏生涯规划。什么是生涯规划？生涯规划就是个人根据自己实际的情况，结合机遇和发展制约因素，为自己确定目标，制定发展计划，并对实施时间、顺序及行为方向等做出合理的安排。初中生平均年龄在13到

15 岁左右,属于生涯规划的探索阶段。在此阶段,生涯教育的主要内容就是提升学习技能,加强责任心,发掘适合自己的职业领域。事实上,小陆如果真的想继续学习下去,还是有很多种可能性的。至于她现在的学习状态,正是由于她的某些想法而导致的。

要想解决小陆同学的这个心结,必须解决三个问题:你是谁?你去哪?你要做什么?以下和小陆同学的谈心活动主要围绕着三个方面展开。

小陆的爸爸也看得出此时孩子内心的纠结与痛苦,但是由于受到一些陈旧思想和社会舆论的影响,导致了他的态度模棱两可。因此,如何和小陆爸爸进行沟通也是我们亟待解决的问题。

策略:

约谈小陆,明确方向

你是谁?——利用课余时间,找一处比较安静的地方,单独和小陆同学谈心。以故事开启话题——四只毛毛虫的故事。

和小陆同学分享这个故事后,让她说一说自己的感受。四只毛毛虫代表的是同学们学习中普遍出现的四类现象。有的同学没有学习目标,不知道学习的目的是什么。有的同学有心目中的理想学校,但是只知道埋头苦学,没有好的学习方法。还有的同学有远大的理想,但是说得多,做得少。要知道,机会和成功是不等人的。最后一种同学不仅仅知道自己的目标是什么,还能制定合适的计划,运用合适的方法朝着理想迈进。

老师和同学们应告诉小陆,他们心目中的她是什么样子,让她发现自己身上的闪光点,而不是只关注于自己身上的缺点。可能在现阶段的她在学习上大大落后于其他同学,而且时间紧迫,已临近中考,再加上基础一直不好,想考上高中几乎不太可能。但是,考高中并不是学习的唯一出路,她的未来有无限种可能性。

你去哪?——小陆告诉我她挺喜欢和小朋友相处的,之前的理想是当一名幼儿园老师。这不就是目标吗?于是,我邀请小陆一起把几所比较知名的中专师范类院校的招生简章在网上找了出来,看一看想考进去都需要哪些条件。经过对比发现:这些学校对于考生在外貌形体和个人才艺方面的要求,小陆同学已经完全符合标准。同时,对于中考分数的要求,则远远低于普通高中录取分数线。看到这里,小陆笑了。努力一把,完全有可能考上啊!

你要做什么?——既然目标已经锁定,下一步就是围绕目标制定计划,并逐步实施了。我和小陆一起分析了她中考几门科目的学习成绩,文科还不错,理科特别弱。在接下来的一段时间里,主要精力必须放在理科上。我主动联系了几位授课教师,请他们利用业余时间给小陆“开小灶”,从基础题开始做起,做到基础题不丢分,难题“够一够”尽量少丢分。同时,请这些老师们在课堂上多多提问小陆,尤其是题目不太难的时候,给她鼓励,给她继续学习的信心。同时,我也和班里一位理科成绩比较突出的学生商量了一下,让他和小陆坐同桌,在学习上多多帮助她并监督她不要偷懒,结成学习帮助小组。

亲身体验,奋力追逐

过了一周后,小陆的同桌向我反应。她上课状态不好,好像又有了放弃学习的想法。是啊!一时的热情还不足以支撑她,学习的过程也是意志力的锻炼过程。

我决定让小陆“跟岗学习”。于是,我多方联系,找到了一所幼儿园。园方答应让小陆到幼儿园参观学习。当她听到这个消息时,满脸都是惊讶和期待。我带着小陆站在了幼儿园的大门口,对她千叮咛万嘱咐,让她细心观察,回来后跟我说说她的心得体会。同时,因为她还没有教师资格证,所以只能在一旁观摩,不能轻举妄动。

到了放学时间,我准时站在了大门口等着小陆。只见小陆笑容满面地走出来。她告诉我:“虽然今天一天忙下来很累,但是她从那些老师身上学到了很多本领。原来,当一个老师真的很不容易。不仅要学科基本素质过关,而且对学生要细心和耐心。当那些孩子喊我老师的时候,我仿佛在那刻就是一名合格的老师。我如果连眼前的这道关都闯不过去,我的理想将无处安放!”

约谈家长,巧用共情

很多家长对于学生选择上中专是有偏见的,他们认为升学的唯一出路就是考高中,只有考上高中才能去上大学。上中专就是去混日子的。首先,在和家长谈心之前应做好一些准备工作。例如:了解部分我校上中专的同学目前的学习情况和就业情况;小陆前段时间的成绩和现在的成绩对比等。

其次,和家长谈心最关键的要素就是:让他们能感受到你是真心地为孩子好。如果你们能够产生共情,那么成功的次数将远远大于失败的次数。小陆不敢告诉家长自己的真实想法,所以录制了一段视频告诉他们。我还约家长实地参观小陆心仪的学校。让孩子择己所爱,择己所长。

很多人在上大学后不喜欢自己的专业,上班后不喜欢自己的工作。除了一些客观存在的因素外,可能就是由于长期以来缺乏生涯教育知识,一些学生对自己的未来缺乏责任感,也不知道自己的兴趣能力之所在。希望生涯教育能让每一个学生不会失去信心和梦想!让他们在学习的道路上找到自己的目标!

（刘　倩）

小学段

▶▶▶ 自我成长篇

帮小刺猬找到自我
——如何培养学生良好的行为习惯？

案例：

二年级的小王同学上课总是坐不住，容易走神发呆。下课后喜欢说脏话，当和同学出现矛盾时，喜欢用暴力解决问题。这些不良的行为习惯导致同学们逐渐疏远他。

小王是家里的独生子，爸爸长期在外地打工，妈妈忙于工作，放学后经常把孩子托付在邻居或亲戚家，下班后再接回，当孩子出现不良行为时，很少讲道理，以打为主。

分析：

表面上看小王同学在课堂上出现坐不住、乱动等情况，主要是由于有意注意的时间较短，意志力较为薄弱。对课堂和学习提不起兴趣，是由于缺乏一定的学习动机，包括学习需要和学习期待。

小王同学经常在说话的时候出现一些不文明的口头禅，大多与自身成长的生活环境有一定关系，父母日常的行为表现会对孩子产生重要影响。另外，爸爸长期缺席孩子的成长，妈妈工作较忙，压力较大，对孩子的关注大多停留在物质层面，缺乏有效的陪伴。家长和老师都应该真正地学会理解孩子，陪伴不仅仅是“陪”，重在“伴”，让孩子感受到来自父母的爱和理解，对孩子的行为加以正确引导，帮助孩子认识到自身的不足并且加以改正，这样才能真正帮助小王同学树立正确的行为观念，从而约束自己的言行。

策略:

家访,形成家校合力。

儿童行为习惯养成的第一场所在家庭,案例中的小王同学渐渐地成为老师们眼中的“问题孩子”,同学们眼中的“坏榜样”。一开始我与家长进行了电话沟通,但是效果不佳。于是,我通过家访的形式与家长进行面对面的沟通,首先表达了对小王同学的重视,以赢得家长的信任。通过交流,我告知家长:小王同学目前存在的不良行为需要被正视。家长对老师的观点也表示认同。

从父母对孩子的影响方面着手,动之以情,晓之以理,使父母在和孩子的日常交往中注意自己的言行,不要以暴力的方式对待孩子,要求孩子不说脏话的同时,自己先做好表率。尽量多陪伴孩子,不要让孩了放学后去亲戚或邻居家,这样会造成孩子内心安全感的缺失,有效的陪伴还应该多注意倾听孩子的想法,试着站在孩子的角度去看待问题,然后平等交流与对话。

倾听,尊重理解孩子。

面对人人头疼的小王同学,我经常找他聊天,聊学习、同学、父母……在聊天的过程中发现小王同学内心渴望被别人重视,有时候故意不经允许将别人的东西据为己有,也是为了吸引同学和老师们的注意力。聊天时,我大多扮演一个倾听者的角色,做到全神贯注地听,注意和他的眼神对视,站在他的角度看待问题,让他感受到自己是被尊重和理解的。当他讲到兴奋的时候我常会用“你说的很对”“原来是这样啊!我能理解你”来回应他的感受。

倾听、尊重和理解都是相互的,渐渐地我也在用自己的言行去影响小王,告诉什么行为是对的,什么行为是错的,我们应该如何规范自己的行为,错误的行为怎样避免,他也总能若有所思地点点头,试图将我说的话记住。

合作,形成教育合力。

通过前期和小王同学的交流沟通,我发现小王同学很喜欢音乐和美术课程,在家里也会经常动手做手工,对于自己感兴趣的课程,上课时注意力非常集中。小王同学尤其喜欢音乐老师——赵老师。针对这一情况,我主动找到各科任课老师，对小王同学目前的情况进行交流。我和各任课教师之间会定期沟通，以此了解小王在其他课堂中的表现情况。教师之间形成教育合力，当小王在课堂上表现良好的时候，会及时在班级表扬，从而形成正强化。当在课堂上出现乱动、下座位等情况时，任课老师也会及时和我反馈，并且找小王同学谈心。

计划，获得自我认同。

小王同学已经很难跟上大部分同学的学习进度，课堂上的注意力不集中，导致他落下了很多知识，于是我根据他现有的学习水平，决定每天为他“私人订制”语文学习任务。我会每天写好他当天晚上需要完成的任务，比如：认真阅读课外读物二十分钟，帮妈妈做一项力所能及的家务劳动，并且要求他自己独立完成，如果能够完成就在后面打上√，没有完成就打×。

当他完成时，我会进行记录和积分，比如坚持一个星期完成任务，可以获得一张表扬信，集满四张表扬信可以兑换一个自己喜欢的小礼物。如果没有完成，我们会一起寻找原因，并且商议惩罚的措施，是难度太大没有完成？还是由于自己的懒惰没有完成？如果是难度太大，一起商量适当降低难度。如果是由于懒惰没有完成，就必须接受惩罚，而这个惩罚大多和劳动有关，也是孩子自己决定的惩罚措施。一次没有完成会进行口头批评，两次没有完成将要放学留下来帮助值日，三次没有完成将会没收之前积攒的表扬信。

私人订制的学习计划，更加符合小王同学的实际情况，而孩子的妈妈看到小王同学一点一滴的进步，也感到很欣慰，给我发来信息，言辞恳切，表示愿意和老师共同努力，监督孩子，让孩子变得更好。最令我欣慰的是，曾经那个无助甚至有些抓狂的妈妈变得不再那么暴躁，对孩子的学习和交流变得更加柔和。

渐渐地，小王同学上课不再热衷于切橡皮，他偶尔还会举手回答问题，而每一次回答无论是正确与否，我都会在全班同学面前表扬他的进步。回答正确证明他认真听课，值得表扬。即使回答错误也说明他在积极思考，值得肯定。

这样的学习计划一写就是整整一年。在与孩子的朝夕相处中，我们不仅是师生，更是朋友。小王同学的口语表达能力和语文学习能力在一步步提高。他常常会笑着问我：“老师，我最近是不是又进步了？”

方法,引导正确习惯。

每天写学习计划时的独处时间,让我渐渐走进了孩子的内心世界,成为他信赖的人。当小王同学的成绩渐渐有起色的时候,我更多的帮他树立自信。

首先,我肯定他在学习上取得的进步,但是这还不够。承认小王同学是一个“好孩子”,然后通过“好孩子”应该具有的行为去要求和约束他。因此,还需要彻底改掉爱说脏话、动手打人的不良行为习惯。

接着我教他“十次呼吸法”。当想动手的时候,先做十次深呼吸,在这十次深呼吸的时间里问自己:同学是故意欺负我吗?这个事情值得动手吗?除了动手还有没有更好的解决方法?通过考虑后果去限制他的不良行为。十次呼吸法并没有根治他易冲动的性格,但是相比较以往,已经进步很大,冲动动手的频率大大降低。

通过之前的家访,我了解到小王同学爱说脏话的习惯来源于家庭,爸爸妈妈在争吵的过程中往往会带上一些口头禅,而孩子在潜移默化中学会了。通过一年坚持不懈的努力,家长已经非常信任和配合我,三口之家也一起制定“家规”。如果吵架需要相互说“对不起”一百次,带口头禅需要先和对方说对不起,取得对方的原谅后需要写检讨信,并且张贴在家里最醒目的位置,等到一个星期都没有出现说脏话的情况,就可以将检讨信撕下来。

渐渐地,这个家庭在相互监督之下,爸爸妈妈之间的关系变得更加融洽,家庭氛围也变得更加和谐,基本不再说脏话,而我也几乎接不到其他同学对小王同学说脏话的投诉。

惊喜的是,通过一段时间的努力,小王不再说脏话,能够控制住自己脾气的他收获了一些好朋友,终于不再通过恶作剧的方式赢得他人的注意。

劳动,促成长磨耐心。

中国的父母很多时候觉得,“学习最重要,孩子好好学习就好了。”但他们却忽视了劳动对于一个孩子教育的意义,著名教育家魏书生曾在一次讲座中说道:“不懂得劳动的孩子是不会心疼父母的,不心疼父母的孩子,你怎么指望他去心疼别人?又谈何有所作为!”

小王的妈妈非常心疼孩子，在家从不让他做家务，她常说："只要你努力学习就是对妈妈最好的帮助。"小王同学的行为习惯虽然取得了很大的进步，但是偶尔会犯错，对于一个孩子而言无伤大雅，但是孩子犯错的时候又何尝不是教育的契机？

每当他犯错时，我几乎不会口头批评，而是让他在放学时陪我一起打扫办公室，他并不排斥劳动，甚至觉得很有意思。但是通过观察，我发现小王同学劳动不够细致，于是，我手把手教他擦桌子，并且要求擦到边边角角，花瓶里的水需要彻底倒干净，换上新鲜的水，花才可以活得长久。在一起劳动的时候，我发现他的心性磨炼得更加柔和，在我指出他错误的同时，他会憨憨一笑："劳动也有这么大学问呐！"

回家后，家长也会让他先进行家务劳动，小王的妈妈逐渐感受到孩子劳动后的变化，也改变了教育想法，会让孩子做自己力所能及的家务。

岁月如歌，时光在不经意中悄然流逝。曾经那个令老师们头疼的小王同学，终于在老师和家长的共同努力下，获得了脱胎换骨般的改变。其实，每个人都希望自己越来越好，更何况孩子！只是很多时候他们没有方向，或者不知道如何努力。没有一个家长是真心不想管孩子的，只是很多时候他们缺乏教育的方法，而作为一名教师，作为一名班主任，更多的时候我们需要的不仅仅是爱心，如果爱可以感化一切学生，那我们就忽视了教育的力量。让我们一起用自己的爱和专业知识，给予家长更多的教育方法，给予孩子更多的学习方法，走进每个孩子的内心世界，用真诚获得家长的信赖，携手让每个家庭的希望向阳而生，茁壮成长！

（凌亚茹）

做最好的自己

——如何帮助学生正确认识自我?

案例:

四年级的小徐是个成绩中等的孩子,他性格内向,平常下课和放学都是独来独往,很少和其他同学在一起,课堂的小组合作也不愿意参与。平时老师和他沟通大多沉默不语。直到有一天,他在一篇周记上写道:“我就是个戴着厚眼镜、没用的胖子!为什么我要来到这个世界上?”小徐的爸爸长期在外地工作,母亲是全职妈妈,初中文化,脾气急躁,坚信“棍棒底下出孝子”,在家带他和刚出生不久的弟弟。

分析:

1. 性格具有特征差异。性格类型是指在一类人身上所共有的性格特征的独特结合,依据个人心理活动的倾向性,可把人的性格分为外向型和内向型。案例中的小徐同学平常不爱说话,喜欢独来独往,属于明显的内向型性格。

2. 小徐在日记中写的自我评价和疑惑是由于自卑导致的行为表现。他很在意周围人对自己的评价,表现出自卑的倾向。自卑即是自我评价过低,会影响人的情绪、执行力,影响他对未来的信心和期望,负面影响较大,容易引起压抑、焦虑、忧虑等。

3. 小徐的爸爸长期在外地工作,缺乏对孩子的陪伴和沟通,长期父爱的缺失容易造成孩子性格上的缺陷,比如产生自卑、自负、过度自信等。孩子的母亲脾气较为急躁,和孩子沟通缺乏耐心,加上家里刚添了小弟弟,注意力被分散,对小徐同学的关注减少,有效沟通的时间较少,过度的惩罚教育容易使得孩子产生自卑心理。

策略：

善写回信。

我在小徐的周记本上写下评语：好看的皮囊千篇一律，有趣的灵魂万里挑一。我们每个人来到这个世界上都是独一无二的存在，戴着眼镜、胖乎乎的你在老师的眼中是多么可爱的存在！此后，每隔一个月我就会根据小徐同学周记的内容给他写一封长长的回信，肯定他在学习和日常行为中取得的进步，同时对他做得不好的地方提出建议。通过写回信的方式，走进孩子的内心世界，让他感受到老师对他的关注，同时让他看到自己在老师的心目中的印象？从而教会小徐学会正确地看待自己，不要一味贬低自己。

有效沟通。

通过和小徐家长的电话沟通，我了解到小徐的父母从小因为家庭经济原因没能完成学业，家里有两个孩子，小徐是家中的长子。父母对于小徐同学寄予了很大的希望，也花费了很多的时间和金钱，但是小徐成绩平平，和亲朋好友的孩子相比没有特别突出的地方，父母会在生气的时候脱口而出：“你怎么就不能争点气？你和爸爸小时候相比差远了……”类似的话语。

电话沟通之后，和家长商量好时间，找一个爸爸和妈妈都在家的时候，我去小徐的家里进行了家访。在家访之前我做了充足的准备，将孩子在学校的照片做成了纸质影集，其中包含了小徐在学校认真学习的方方面面，比如他在运动会上扔垒球的身影，在书法课上认真写字的模样，主动帮助老师打扫办公室的背影……从这些事件中肯定小徐同学的闪光点，同时表达了老师对小徐同学的认可：一个优秀的学生绝不只是成绩名列前茅，优秀的品质和一颗善良的心是比成绩更重要的部分，同时提出孩子目前出现的自卑心理是不利于身心健康发展的，我们要从多个方面看待孩子，学会正确的赞赏孩子，正如成人也需要获得别人的肯定。

主题班会。

针对小徐同学的情况，我召开了名为“做最好的自己”主题班会。班会伊始，我请每位同学给自己画一幅自画像，并且写出对自己最满意的身体部位，如果你不喜欢自己的某一项器官,也可以写下来,并且说明原因。接着请学生代表讲《霍金的故事》,请小组成员相互讨论,说说自己的体会。其中一名学生说道:“我们无法决定自己的外貌,但是可以决定自己的心态。我们要学会喜欢自己,先从喜欢自己的身体开始。”根据学生的讨论,我适当进行引导:不喜欢自己只会让自己更加自卑,而自卑不会带来任何好处,反而会让自身情绪低沉。何不换种思维方式,试着接纳不完美的自己,让自己开心度过每一天。顺势抛出问题引导学生思考:如何正确认识自我,做最好的自己呢?

根据学生讨论,总结出以下几点:一是善于发现自己的“长处”。“长处”并不能肤浅的认为是美丽的外表,试着经常对镜子里的自己说:这样的我也不错!胖胖的我也很可爱;矮矮的我跑步也很快;虽然我戴着眼镜,但是我听力特别好……我喜欢这样的自己!二是用积极的心态面对自己。让学生在本子上写下自己的优点和缺点,然后小组同学相互交换。通过全面、辩证地看待自己,发现“人无完人”,学会和不完美的自己和解。三是转移注意力。学会将自己的注意力不要总是放在自己的缺点上,这样会让自己产生自卑的情绪,认识自卑情绪带来的不良后果。可以试着将自己的注意力转移到自己感兴趣和擅长的领域,从中获得自信心,缓解心理紧张感和自卑感。四是加强运动练习,提高自身素质。通过积极的运动,可以有效地排遣压力,锻炼自己优秀的性格品质,比如,坚韧、努力、积极……然后在日常的学习中不断充实自我。

鼓励赞赏。

在以后的学习和生活中,我会更多地关注小徐同学的一举一动,用正面激励的方法鼓励他,帮助他发现自身的优点。比如在课堂上他举手发言时,我会当着全班同学的面给予掌声。在班级的小组活动中给予他一定的机会,让他主动地和他人进行交流,从而收获更多的友谊。一度认为胖是自己缺点的小徐,在体育老师的耐心训练下,获得了全校垒球比赛年级一等奖。不久后,原来低着头走路的小徐,在收获朋友、鼓励、掌声之后变得爱笑了。

我会时不时地找合适的机会和小徐同学沟通,同时也有意识地传递给小徐自信阳光的心态。世界上无法找到两片相同的叶子,我们是独立的人,更是独一无二的个体,每个人都会有自己的优点和缺点,我们需要正视自己,我们无法改变容貌,但是可以改变心态。用不一样的心态看世界,你也会遇到更好的自己!

不久后,我惊喜地发现在交上来的周记中,小徐同学在我的评语下面写上了一行小字:老师,谢谢您对我的帮助,我会努力的!

定期回访。

我会利用周末时间,定期到小徐家进行家访,肯定他在学校取得的进步,客观地说明小徐同学的优点和优势,在沟通交流中表达自己的看法:每个父母对孩子都是寄予厚望的,但是也要接受孩子是普通的大多数,甚至要接受我们的孩子无法达到自己的高度,但是孩子努力的过程我们应该表示认可,不应一味地在比较中磨灭孩子的积极性。过分的比较和过高的要求,只会打击孩子对自我的认知,适得其反。

一个学期过去了,在老师和父母的配合下,小徐的成绩虽然处于中等水平,但是渐渐地变得开朗,在他的周记中我再也看不到类似之前的消极文字。我们每个人都是不完美的个体,更何况有着无限可能的孩子?学会接受不完美的自己,正确认识自我,才能做最好的自己!

(凌亚茹)

在学习中发现快乐
——如何转化潜能生?

案例:

三年级的小余同学是个不怎么爱说话的女生,乖巧、听话,但上课时注意力不集中,从不举手回答问题。当堂练习正确率低,家庭作业拖沓,写作业时没有时间观念,交上来的家庭作业字迹潦草,更多的时候都是大面积空白,最后干脆彻底不交作业,她哭着说:“那些题目我真的都不会,学习对我来说太难了。”

小余是独生子女,家境优渥,但是对于学习,爸爸认为应该严格要求,妈妈则认为童年快乐至上,现在不懂的知识以后会懂。爸爸工作较忙,经常出差,小余大多数时间和妈妈在一起。作为班主任,你怎么解决这个难题?

分析:

主观因素:

1. 个体发展的差异。小余同学不爱说话、动作慢属于学生的个体差异中的认知方式差异,而这会直接影响到学生的学习方式。这类学生对于时间的概念非常模糊,对于眼前应该解决的事情不认为快有什么好处,也不认为慢有什么不好。

2. 自制力水平较差。小余同学无论是课堂作业还是家庭作业都非常拖沓,这与孩子自身的自制力有很大的关系,她很难控制住自己上课不走神、不发呆。

3. 畏难情绪。从小余同学对老师说的话中可以看出,这是一个抗挫能力较弱,对出现的困难容易妥协,甚至选择逃避的孩子。

客观因素:

1. 基础知识较为薄弱。小余同学整体来说还是一个比较乖巧、听话的孩子,也愿意学习,从对孩子的观察中,我发现有的时候她也想提高自己写作业的速度,但是由于之前的基础知识没有掌握牢固,随着学习难度的不断加深,导致她写作业的速度越来越慢，也越来越拖沓。

2. 家长前期学习的低要求。在刚上一年级的时候，当老师布置一些朗读或者家务作业时，只要小余同学喊累，妈妈就会说：“那就不做了吧！”到了中段学习，每天的家庭作业都是妈妈在旁边读题、陪着写。长此以往，孩子产生惰性，对于学习和其他事情都是能拖则拖，没有严格的时间观念。

策略：

沟通，树立学习自信。

利用课下时间，我找到小余同学，与孩子进行一对一的沟通，以谈话的方式了解孩子的内心想法，照顾孩子的自尊心。首先肯定小余同学在绘画、舞蹈方面的优秀，减少孩子对谈话的焦虑感。然后帮她树立文化学习自信，用切身经历告诉孩子学会学习、合理安排时间的重要性。最后和孩子一起制作“我能集中注意力”的小卡片，贴在课桌的左上角，从而提高学生的有意注意。

班会，掌握学习方法。

班上也有一些和小余类似的同学，虽然没有像小余一样彻底不交作业，但是通过调查发现，在完成家庭作业的过程中也比较拖沓。还有一些孩子学习虽然努力、积极，但是却不知道如何合理安排时间，缺乏安排学习的意识和方法。对此我在全班召开了一次名为“做学习的主人”主题班会。先以情景故事导入：倩倩打开数学练习册，开始愁眉苦脸，里面的应用题有些字不认识，读起题目感觉吃力。平常遇到类似的情况，爸爸会帮她解决，但是今天爸爸妈妈还没下班，怎么办呢？倩倩书本一合：还是等爸爸妈妈回来我再写作业吧！

然后请同学们分小组合作，共同商议倩倩在学习中存在哪些问题。学生大都能谈到倩倩遇到困难就放弃；总是依赖爸爸妈妈；没有主动解决问题的决心。

接着请同学们给倩倩支招，教师顺势引导和总结。第一，遇到学习上的困难，不能逃避，要相信方法总比困难多，先依靠自己的力量去解决难题。上课要认真听讲，这样做起家庭作业会简单得多。第二，要树立学习自信，相信自己，不断地告诉自己“我能行”，减少对爸爸妈妈的依赖。第三，要合理安排自己的时间，制作学习计划表,并严格执行,可以请爸爸妈妈当自己的监督人。

通过主题班会的召开,学生们认识到,在学习上我们会存在和故事中倩倩一样的问题,我们应该掌握哪些方法去帮助自己!

互助,形成家校合力。

利用周末的时间我对小余同学进行了线下家访。妈妈表示自己也想配合老师,也看到了前期小余同学在学习上取得的进步,但是爸爸很少参与孩子的学习,妈妈工作压力也很大,很多时候感觉自己力不从心,看到孩子有“回潮”的现象,自己内心也感到着急,焦虑又脆弱的母亲在家访过程中甚至流下了眼泪。

回去后,我与小余的母亲、父亲共建了一个 QQ 群,首先表明老师的态度,对于家长的艰辛表示理解。然后介绍小余同学前期的进步,肯定孩子现阶段取得的成绩。最后表明愿意和家长携手让孩子变得更加优秀,同时婉转地表达希望爸爸可以加入孩子的家庭学习监督中去。

再后来,我每天都会发一些小余同学在校优异表现到这个群中,比如孩子的书写又进步了,课堂作业的正确率又提高了。当家长看到孩子的进步之后,他们也变得动力十足,家庭监督配合的也更加到位。

合作,形成教育合力。

教育需要合力,班主任一个人的力量是单薄的。为了让小余同学在学校的学习和生活能够更加顺利,身为班主任的我积极主动和各任课教师对小余同学目前的家庭情况、学习情况进行沟通、交流,针对孩子的实际情况,形成教育合力。首先,在教育观念上老师们达成一致,充分保护学生的自尊心,尊重学生的个性差异。其次,在教育方法上百花齐放,注重严慈相济。最后,班主任定期进行反馈、总结,反思小余同学最近取得哪些方面的进步,还有哪些方面存在不足,应该如何改进。教师之间相互合作,形成教育合力,从而更好地帮助学生成长。

计划,巩固学习效果。

针对小余的个人情况,我制定了一个学习计划,规范她的学习习惯,教会她正确的学习方法。比如:上学不迟到、上课认真听讲、将无关课堂的学习用具全部放进书包、每节课争取回答老师的一个课堂提问;针对课堂作业和家庭作业进行了更加细致的要求划分：按时交一颗星，准时完成两颗星，完成并且书写工整三颗星，正确率百分之五十以上四颗星，正确率百分之七十以上五颗星，强化她的积极行为，让她的学习劲头更足。小余每一次小小的进步，我都会发在家长群里，对孩子进行表扬。看到孩子的进步，看到老师如此用心，爸爸也逐渐理解了老师的良苦用心，改变了自己的想法，主动配合妈妈和老师一起监督她的家庭学习。

通过老师、家长、孩子三方的共同努力，小余同学的上课听课情况已经有明显好转，上课做小动作、发呆的频率明显降低，课堂作业的质量相比之前也有质的飞跃。在家完成家庭作业时，不再拖沓，而是在规定的时间内完成相应的学习任务，基本能够做到当天作业当天完成，第二天主动交作业。

看到小余同学逐渐学会学习的方法和技巧，学会合理安排自己的时间，话也逐渐变多了，慢慢地，脸上的笑容也更加灿烂了，爸爸妈妈都感到很欣慰，身为孩子的语文老师兼班主任，我也感到很幸福。

会议，指导家长方法。

通过了解，发现班上还有小部分孩子和小余同学一样，有作业拖沓的现象。部分家长反馈，孩子回家一写作业就会出现上厕所、喝水、坐不住等怪相。

针对以上情况，我利用腾讯会议，每半个月进行一次线上家长会。在开会之前，我会利用搜索软件搜集家长朋友在家庭教育方面存在的困惑，然后进行罗列整理。

根据自己的专业知识，我和家长一起分析孩子出现这些问题的根本原因以及正确的做法，建议建立民主化的亲子关系，但是原则问题绝不退让，同时推荐家长阅读一些家庭教育的书籍，比如《陪孩子终身成长》《用孩子的逻辑，化解孩子的情绪》《最温柔的教养》……指导家长配合老师进行家庭监督。

通过定期召开线上家长会，在家长的支持和配合下，班级的同学们开始积极主动地制定每天的学习计划表，这其中也包含小余同学。家长将孩子每天学习计划的完成情况进行上传，班主任通过班会课进行表扬，强化学生的积极行为，颁发表扬信，定月颁发“学习小主人”奖杯。通过这些努力，班上那些注意力不集中的学生明显有了进步，班级氛围呈现出积极向上的态势。

（凌亚茹）

天生我材必有用，少年有梦向四方
——小学生的目标确立

案例：

五年级的杨杨总是在课上转笔、发呆，课下蒙头睡觉，或是靠在椅背上发呆，似乎对什么都不在意。任课老师多次反映，杨杨的作业很潦草，和他谈话总是不起作用，“约法三章”最多也只能支撑三天。

杨杨的父母做生意，工作忙碌，平时对他疏于看管，学习上没有什么要求。“能毕业就行，以后给他看个店”是电话沟通中杨杨父母对未来的计划。“怎么样都行”是五年级的杨杨对自己未来的看法。

面对此情此景，作为班主任你该怎么办呢？

分析：

苏联教育家马卡连柯认为：“培养人就是培养他对前途的希望。”

从案例中我们不难发现，杨杨随心所欲的学习态度和父母放任不管的态度是分不开的。父母生意忙碌，生活重心倾向工作，疏于对杨杨进行学习管理和要求，可能是出于愧疚和补偿心理：对自己忙于工作而忽略了孩子感到愧疚，又不懂得如何正确与孩子沟通，出于补偿心理默认孩子得过且过，为孩子准备好做生意的退路。班主任需要明确具体原因，才好对症下药，解决症结。

案例中杨杨随心所欲的学习态度和对成绩不屑一顾的学习表现是因为缺乏学习目标和人生目标。任课老师积极与杨杨谈话、“约法三章”，想以此鼓励杨杨端正学习态度，但收效甚微，是因为没有戳到杨杨的“痛点”，或是要求过高，以杨杨的水平短期内很难达到，导致杨杨得不到表扬和赞赏，对学习失去了信心。

班主任可以联合任课老师形成合力，为杨杨定制目标树，每次达成目标后给予表扬，培养杨杨的目标意识。

策略：

召开班会，引导全班树立目标。

小学阶段缺乏明确的目标的学生，并不只是杨杨一个人，还有许多孩子每天按部就班学习，看似忙碌，其实也茫然。

老师可以利用班会课和课后服务时间，带领学生观看电影《阿甘正传》。看完后让学生思考：主人公为什么会一直奔跑呢？借此引出主题——因为他想成为一个成功、能实现梦想的人！然后顺势询问学生：“你的梦想是什么？你想成为什么样的人？”

在讨论中，有些学生会渐渐明确职业方向，也有些学生会摇摆不定。老师可以在教室墙面设置许愿墙板块，让目标明确的学生在便利贴上写下目标贴在墙上，摇摆不定的同学可以等想好后再写下来贴上。许愿墙上的便利贴就像梦想的使者，会时刻激励着他们。

班会课后，留下一份实践作业：根据自己的梦想制定一份学期计划。

个别谈心，帮助杨杨明确方向。

利用大课间自由活动时间或者是课后服务时间，单独和杨杨谈心，了解他的内心世界，挖掘他潜藏的梦想。

个别谈心是拉近师生距离的好时机。五年级的学生已经明白自己课堂表现不好、作业潦草会受到老师的批评，甚至会做好接受批评的心理准备。所以老师可以反其道而行之，不必急着对近期杨杨的表现进行批评，反而根据他平时表现出来的优点和聪慧畅想他的美好未来，打破他的心理预期，引发他的好奇心——我都不知道自己的未来会怎样，老师为什么会对我有这么大的期望？

抓住学生的好奇心和心理变化，老师借机讲述以前的学生从迷茫到树立目标最终获得成功的例子，再将话题引向杨杨的梦想和爱好。在聊天的过程中借助网络搜索与杨杨爱好相关的专业和大学，告诉他每一个爱好都不容小看，每一个爱好都可能创造出不一样的美丽人生，让爱好成为梦想，让努力拥有方向，生活才能充实又精彩。

需注意的是，像杨杨这样长期处于被父母“放养”、被老师批评的学生难免会有些自卑、对自己没有自信，所以树立目标后还要给予信心和鼓励，再将宏大的目标细化成为日常要求。

实地家访，转变家长消极心态。

杨杨同学的问题较为严重，电话沟通难以解决问题，老师可以和杨杨父母提前约好时间，开展一次面对面的家访。

通过案例可知，出现这种情况其实是家庭监管不到位，父母带着对孩子的失望和弥补的消极心理对孩子的教育不作为。

老师可以借助《中华人民共和国家庭教育促进法》转变杨杨父母的思想，告诉他们：父母应当树立家庭是第一个课堂、家长是第一任老师的责任意识，承担对未成年人实施家庭教育的主体责任，用正确思想、方法和行为，教育未成年人养成良好思想、品行和习惯，绝不能以忙碌为由对孩子放任自流。

同时告诉家长，营造良好的家庭氛围必不可少，注重潜移默化，言传和身教相结合；严慈相济，关心爱护与严格要求相结合。改自身态度和做法，改在家躺着玩手机为和孩子共读一本书，改“你以后怎么办”的责怪为“你一定可以成为优秀的孩子”的期许和鼓励。

也可以利用周末带着杨杨一起上班，让孩子真切感受到“看个店”的奔波与辛苦，以此打消他“不好好学习我可以看店”的想法。还可以拜托从事不同职业的亲戚，带着杨杨见识一下不同职业的辛苦，告诉他“天下没有一份工作不辛苦，也没有一份工作是可以不劳而获的”，彻底打消杨杨“不好好学习我可以靠爸妈”的消极想法。

教师研讨，建立教师统一战线。

美国心理学家沙皮罗说：“即使一个小小的变化，也会对学生产生深远的影响，会产生滚雪球似的效果。”

督促杨杨改变仅凭借班主任的力量还有些弱小，可以联合任课老师们，开展一次班级教师会议，共同商议，共同关怀，建立统一战线。让大家关注杨杨每一次的小进步，及时鼓励，时时督促，凝心聚力一起帮助杨杨转变。

五年级的孩子终于有了一个明确的职业方向，但是这个目标太大，现阶段难以完成,更难以看到成果。所以,老师们可以把大学设置成为最终目标,为杨杨的小学阶段设置不同的学习目标。比如,每日目标:杨杨专注听课40分钟并且记了笔记,杨杨在课间主动找小组长背书并且完成,杨杨主动向老师提问,杨杨主动发言,杨杨作业有很大的进步获得了老师的表扬……对杨杨的每一点进步,都给予表扬和鼓励,特别是可以选取他理想大学的明信片作为奖品激励他。

这是对孩子个体的纵向比较,让杨杨获得成就感。杨杨基础较差,前期可不进行横向比较,以免伤害孩子自尊心,挫伤孩子的积极性。

小组合作,形成共学良好氛围。

老师可以在班级开展小组合作,化整为零,让全班同学形成不同的学习共同体;引导各小组确定组名和总体目标,分配好组长、记录员、监督员等,制定组内合作要求、纪律要求等;让杨杨感受到同伴互助、一起进步的快乐,切实感受到一群人为了共同的目标和自己的小目标团结一心共同努力的震撼力量。小组内相互监督。既有合作也有竞争,在班级营造良好的学习氛围。

(张玉杰)

羞答答的玫瑰静悄悄地开
——守护孩子的成长秘密

案例：

六年级的张老师接到了桃桃家长的求助电话，桃桃因为胸部发育穿上了小背心，但是在体育课上奔跑跳跃时被同班男生观察到了，时不时对着桃桃指指点点然后哄笑开来。桃桃的内心受到了伤害，对自己的胸部发育感到羞耻和恐惧，总是含胸驼背走路，不愿意和同学交流，现在更是不想上学了。

家长也不知道如何和孩子沟通身体发育的问题，对桃桃的变化很无奈，只能求助班主任。

面对此情此景，作为班主任的你该怎么办呢？

分析：

进入小学高年级，男女生的身体和心理会发生较为明显的变化，同时对自己和异性的身体变化产生好奇。

六年级的桃桃生理上出现胸部发育现象，此时她会对自己身体的变化感到困惑、好奇和害羞，家长有所回避的态度会让孩子产生一种误解：这是难以启齿的事情。同班男生的好奇与指点会让桃桃的害羞心理转变为恐惧自卑心理，所以总是含胸驼背走路，想将自己的与众不同藏起来。男生们的哄笑充满了不礼貌，更对桃桃的心理造成了巨大伤害，藏无可藏、说无可说，只能选择不上学的方式逃避。

桃桃家长向班主任的求助内容，反映出家长对于孩子青春期生理教育重要性的认知匮乏。

桃桃的问题并不是个例，迎来月经的女生也会因为更换卫生巾感到不好意思、受到男生不怀好意的起哄。这些都说明学生们对青春期的生理变化并不了解。

班主任应及时为学生普及详细的青春期知识，引导学生关注自我、照顾同伴，共同守护成长健康。对已经出现心理问题的孩子，及时谈心疏导。

策略：

生理教育，男女分讲。

学生遇到这个话题可能会害羞，特别是在异性面前。班主任可以邀请科学老师，分别对男女生开展生理健康课教学。

课上先让学生观察自己和同伴，找到身体发育的不同，概括出青春期最大的变化特征——男女生的变化不一样，即男女第二性别特征开始出现。此时可以采用生物教具图，将所有变化的部位一一标注。

告诉学生，男女生的生理发育时间并不一样，一般来说小学阶段女生的发育时间会更早一些，到了初中男生的发育速度会变快。每一个人成长的节奏并不一致，但所有的生理变化都是成长的见证，理应受到尊重和爱护。

对于女生的生理期问题，可以多举一些形象有趣的例子帮助孩子们理解，缓解害羞尴尬的情绪。让女生明白：月经初潮的来临代表着小姑娘正式长成大姑娘，像花开一般美丽。这不是什么难以启齿的事情，而是美丽的绽放、成长的馈赠。

通过播放生理卫生健康类视频，教育学生注重生理卫生，养成良好的卫生习惯。老师可以教女生如何正确选择、使用卫生巾，嘱咐女生经期注意休息、多喝热水。也要告诉男生：女生的经期很特殊，会让女生感觉无力、精神困顿，如果此时她们有需要，可以伸出援助之手。

此外，还需要告诉学生一些自我保护常识，比如：女孩子有了月经初潮，生理上是可以怀孕了，但如果怀孕年龄太小，对身体的伤害很大，女孩子要注意保护自己，防止有坏人侵犯，衣服遮挡的地方应拒绝他人触碰。男生也是一样，既要保护好自己，也要像男子汉一样照顾女生。

最后强调，青春发育期要充分照顾好自己的身体健康。例如：饮食要均衡，三餐按时按量完成；进行适当的运动保证充足的睡眠；遇到困惑及时求助家长和老师等。

主题班会，共谈成长。

随着青春期越来越明显的生理变化，学生的心理也悄悄发生变化，比如：男孩子不再喜欢用哭泣解决问题，女孩子慢慢有了自己喜欢的穿衣风格，悄悄写心情日记等，这些都是学生成长的标志。

可以借助生理健康课的知识引出班会主题，例如："经过生理健康课的学习，相信同学们对青春期的成长变化有了一定的了解。老师最近收到家长们的反馈，咱们班有同学因为青春期的生理变化，受到同学们的关注、指点和嘲笑，蒙受很大的心理阴影。这让老师也很伤心，我们该怎么解决这个问题呢？"

允许学生自由讨论，引导学生树立正确的态度：尊重同学、爱护同学，及时帮助有需要的同学。同时，引导此前嘲笑他人身体发育的同学认识到自己行为的不礼貌，向受到伤害的同学真诚道歉。

此外，也要鼓励学生在遇到困难和困惑的时候，及时向老师和家长求助。

心理辅导，呵护花朵。

对心理上有困扰的学生，如桃桃，邀请心理老师进行个体辅导。

对桃桃，可以尝试鼓励、肯定、赞扬等积极的方式为她树立信心，让桃桃相信：较早有了生理变化的她是班级里最早一批从孩子过渡到少年的人，她会比同班同学更早成熟，更早见识青少年的世界，这并不是一件需要感到羞耻的事情。不断变化的身体宣示着"女大十八变"的现实，桃桃会越来越好看，如果能有更多一点的自信，桃桃一定更加人见人爱。

同时告诉桃桃，对于其他同学的嘲笑，要敢于直面回击或者勇于求助老师。

此外，班主任还可以协同心理老师成立青春驿站，设立青春信箱，鼓励学生，特别是女生将自己遇到的生理上的、情感上的问题向老师倾诉，寻求解决办法。

引导家长，转变思想。

桃桃的问题折射出部分家长对待青春期发育的态度：欲说还休，能避则避。大人的遮掩和逃避容易让孩子也产生避讳和隔膜。

老师可以在家长群中发送一些教育类视频，告诉各位家长孩子处于青春期发展的初始阶段，对很多问题都充满好奇，家长大可不必谈“性”色变，完善全面的解释会让孩子对自己的身体变化有更全面的了解，也更懂得如何保护自己。

也可借此机会发动家长支招，汇集优秀的方式方法，在全班推广。

对桃桃的父母，老师可以安排一次家访，深入沟通桃桃的心理问题，特别要指导家长对孩子的青春期发育树立正确的态度。

朋友陪伴，青春同行。

有些小秘密，学生可能不会告诉父母和老师，但是会和自己的好伙伴倾诉。

老师可以引导桃桃的好朋友，在学校的时候多多陪伴桃桃，关注她的情绪变化，如果有特殊情况立刻反馈给老师。同时引导班委，悄悄关注班级同学喜怒哀乐的变化，如果有因为生理原因闷闷不乐或因身体发育被人嘲笑等情况，要及时告知老师。

青春是美好的，是每个孩子必经的重要阶段。老师需要帮助孩子叩响生理变化的大门，迈过心理变化的坎坷，引导学生既能保护自己，也能关爱同学。

（张玉杰）

敬个礼握握手,你是我的好朋友
——交朋友的正确方式

案例:

二年级的小明很顽皮,经常喜欢揪女生的头发、从后面猛地抱住男生跳到他的背上、与同学说笑的时候用胳膊肘戳一下、给同学起绰号等。由此引发许多矛盾,闹得同学之间很不愉快,渐渐地,愿意和小明交朋友的同学越来越少,大家纷纷向班主任告状。

小明也很委屈,他是独生子,平时在家很孤独,就是想和班级同学交朋友,为什么大家都不愿意呢?

面对此情此景,作为班主任你该怎么办?

分析:

小学生是单纯的,他们会在小学阶段逐渐了解人际交往的原则和规范,同时也拥有自己的人际圈。此时,培养学生的交往意识和交往能力尤为重要。人际交往中,最重要的就是人与人之间真诚的心灵交流。

小明是独生子,在家庭中缺乏与兄弟姐妹们相处的生活经验,迫切想在班级中收获同伴,但他在人际交往过程中采取了错误的做法,引起其他同学不满。小明面对老师时之所以也觉得委屈,是因为他还没有深刻认识到错误的交际方式会给他人来麻烦、让人感到困扰。他不明白交朋友重在以诚相待、尊重他人,不能以伤害他人为代价。

老师应在培养学生人际交往能力时强调交往的原则。比如:相互尊重,每个人都有自我尊重和被人尊重的需要,人际交往中要克服以自我为中心的思想,多换位思考。

在人际交往的日常行为上,老师也可以给予具体的方法指导。比如,懂得耐心倾听他人说话；关心同学，乐于助人；保守同伴的秘密，不取笑他人……总之，交朋友的办法有很多，但千万不能使用错误的方法。

最重要的是，老师需要引导小明向同学真诚道歉、获得原谅，并教导他用新办法交新朋友。

策略：

兼听众言。

即使老师有过相关问题的处理经验，也不能忽视班级同学的意见，要让每一个反映问题的学生都能从老师的态度中获得鼓励和认可，老师也能明确问题症结。

针对小明的问题，老师可以询问班级同学对小明的第一印象、如今的印象以及发生变化的原因，然后制作不记名统计表，将同学们的话提炼后一一列举，还可以像QQ标签一样把出现频率最高的词语罗列在表格下方，让信息更突出。这一过程较繁杂，可在私下找学生完成。

谈心解惑。

老师私下找小明谈话，倾听他的困惑。小明的问题在与人际交往时采用了错误的方式，老师可以引导小明反思：你性格活泼，原本是班级同学的开心果，那老师称呼你为“开心果”或者“小太阳”好不好？这样亲昵的称呼小明愿意接受。老师再接再厉：你喜欢根据同学的缺点给他取绰号，那老师也根据你胖乎乎的身材称呼你为“小胖墩”或者“猪八戒”好不好？这样的绰号小明一定不愿意接受。

可以引导小明：绰号有好有坏，朋友之间关系特别好，相互取昵称有助于拉近关系，这是双方友谊的象征。但是如果根据他人的缺点而起绰号，就是将自己的快乐建立在他人的痛苦之上，会伤害他人的自尊心，大家也会对你敬而远之。同学们会在心里为你贴上“没礼貌”“不文明”的标签，你愿意成为这样的人吗？

此时，小明已经能认识到自己的错误，老师再添一把火，将统计的班级同学对小明的印象变化图表给小明逐条细看，特别关注最下方总结的标签词语。接着，老师告诉小明，除了取绰号，揪女生的头发、从后面猛地抱住男生跳到他的背上、与同学说笑的时候用胳膊肘戳一下等不恰当的行为，表现出了对同学的不尊重，影响了他在同学心中的形象，从而引导小明对自己的行为深刻反思。

最后鼓励小明向同学们真诚道歉，争取原谅。总的来说，和小明的谈话有两个目的，一是让小明认识到人际交往中的不文明、不尊重他人的行为会造成严重的后果；二是鼓励安慰，告诉小明有错要改，还有补救挽回的机会，呵护孩子的心灵。

主题班会。

解决小明的个人认知错误之后，可以借此作为教育契机召开主题班会。

将同学们带到操场上，男女生错开，围成两层圆环团团坐下，进行一场别开生面的主题班会课。班会活动有三项："介绍我的好朋友，他有很多优点""吐槽我的好朋友，他也有一些小缺点""抱抱我的好朋友，我们一起结交新朋友"。

第一项活动引导同学们回忆并描述与好朋友的相处时光，说一说好友的优点以及愿意和他做好朋友的原因。老师总结：优秀而美好的人总会格外招人喜欢，我们都愿意和美好的人做朋友。

第二项活动给予同学们吐槽的空间，聊一聊好朋友之间的小矛盾、小摩擦以及是如何解决这些问题的。如果此时班级有闹别扭的好朋友，老师可以趁此机会号召其他同学一起参与，帮助他们解决问题。老师也可以提前和小明约好，在这时将自己所作所为的初衷进行解释和公开道歉。老师要做好德育引导：小明犯错了，在人际交往的过程中伤害了同学的自尊心，是非常没有礼貌、不文明的，所以小明向所有同学真诚道歉。但是小明的初心是好的，他很想和大家都成为好朋友，现在认识到了自己的错误，想请大家再给他一次机会，以后监督他不再犯错误，同学们说好不好？此时老师还可以引导同学们回忆小明平时的优点、为班级、为同学们付出的好人好事，激发同学们的恻隐之心，柔化活动气氛。

第三项活动鼓励同学们走出平时的"好友圈"，增强和其他同学的交流，结交更多新朋友，共同摸索更合适的相处方式。最后，老师总结：人际交往中需要带着宽容和尊重，这样才会有越来越多的好朋友。

总之，以此为契机，让学生们学习并理解"尊重""赞美""宽容""相互理解"等词语，让每一位同学都参与其中，学会发现身边同学的美，拥有一颗善与宽容的心。

伙伴互助。

班会结束后，老师可以在班级成立“班级文明督察队”，号召班级同学争当文明小督察，监督和纠正班级存在的不良行为。

可以在班级举办“发现身边的文明行为”比赛，鼓励同学们带着一双发现美的眼睛观察班级生活，并以作文、图画的方式记录下来，或者编成小故事或演讲稿，参加主题写作、绘画、讲故事、演讲比赛等。

也可以在班级发出倡导“我也有个美称”活动，鼓励同学们根据自己的特点和爱好为自己取一个美称，按下小手印后统一张贴在班级风采墙上，告诉同学们如果想和某位同学拉近距离提升感情，不妨顺着本人的意见称呼他喜欢的昵称。

（张玉杰）

小学段

▶▶▶ 校园生活篇

人有礼则安
——学生不讲文明礼仪，怎么办？

案例：

小尧很调皮，眼睛里闪着狡黠的光，一年级刚入班的那天，他嬉笑着说的一句脏话，让班主任和数学老师尴尬了半天。此后在校的每一天，他身上的事发生不计其数，打骂同学，朝同学吐口水，数学课上骂老师是魔鬼，体育课上在操场上肆意东奔西闯，故意弄坏同学带到学校参赛的手工作品，美术课上拿剪刀剪同学的胳膊，把同学推下楼梯……他的一言一行，不知轻重，不计后果，如果哪位同学跟他还手还嘴，结果自然是大打出手。班主任不停地给他换同桌，但不出两天，新同桌的家长就会找班主任要求换座位。

分析：

首先，从个人层面来看，小尧没有分寸，是非不分，没有规则意识，没有敬畏感。没有好习惯好品性，文明礼仪便无从谈起。从入校第一天，小尧身上发生的林林总总的事情就让他的顽劣表现得淋漓尽致。对老师也说脏话，面对老师的批评，歪着头斜着眼犟嘴，老师说一句他顶一句，绝不服输，绝不认错；他不会和同学相处，以戏弄打骂同学为乐，不怕批评指责。在他眼里，课上和课下没有分别。

其次，从家庭教育层面来看，小尧父母的育儿理念，归根结底就是释放孩子的天性，不吃亏。小尧的妈妈说，他爸爸太惯孩子，和孩子打打闹闹没分寸，并且告诉小尧，如果被人欺负，一定要加倍还回去。小尧的爸爸说，他妈妈太惯孩子，孩子在家跟任何人都顶嘴，还和小姨吵架，不管他做了什么错事，妈妈总能帮他找到理由替他开脱。小尧在这样一个家庭里长大，导致文明礼仪对他来说，仅是老师说说、他爱听不听的一阵风。家庭教育的缺失，导致老师对他的教育很难有效果。

改变小尧，应当从与其家长达成共识，从文明礼仪的点滴开始。

策略:

家校沟通。

家校沟通是班主任和家长之间最常用也最有效的方法,在发现小尧的问题后,班主任第一时间是联系家长,在和家长的沟通中了解小尧,了解其家庭教养的理念,家长似乎很配合,但小尧身上的问题却有增无减,因此这种口头的沟通是短效的、低效、甚至是无效的。

要解决低效沟通的问题,从四个方面进行,首先,明确告知家长,小尧在班级的现状。因为小尧父母的家庭教养包含“不吃亏”的理念,在反馈小尧在校表现和行为造成的后果时,要让家长看到小尧是“吃亏”的:不遵守课堂纪律会被老师批评,不团结同学会被同学排斥,放学在校门口会被同学家长找,小组合作的时候会被同学孤立,优秀作业奖章得不到,期末评优评不上,小班干当不上,没有朋友……这种现象持续时间越长,小尧越没有自信。因此父母眼里所谓的不吃亏仅仅是行为上、语言上的不吃亏,而小尧吃的最大的亏是和同学关系的僵化、自身信心的不足、在集体里找不到快乐,在学习中找不到成就感。二是和家长统一“吃亏是福”的思想,明确小尧要想获“福”,就要先吃“亏”。“吃亏”,就从日常的文明礼仪做起。三是家校合力,对小尧细化管理,如尊敬老师,见到老师问声好,不和同学打闹,课堂上不插嘴不捣乱,遇事不较真等,对其行为、语言表现给予相应的分值进行量化,每天在校满分 10 分,在家满分 10 分,在自评的基础上,加入老师、同学、家长评价。最后是及时沟通,完美的计划+有效的执行+及时的反馈=效果,效果是否达成的重中之重是及时反馈,班主任和家长每天沟通,及时表扬,在很长一段时间内,小尧的变化是显著的。

家校共育。

在反复跟老师沟通后,家长意识到了问题的严重性,在思想理念上和教养方式上有了较大的转变,配合老师制定小尧在家的一日礼仪常规,遵照执行,满分 10 分,如:定闹钟自己起床,衣着整洁,行动迅速不散漫,不跟家长顶嘴,吃饭不说话,主动完成作业,主动分担力所能及的家务,和爸爸妈妈说晚安等。当然,如果小尧在学校跟同学老师发生冲突,发生了与文明礼仪相悖的行为,家长不再听他一面之词，主动打电话找老师、找同学弄清事情的原委，避免信息不对称引起家校配合上的反弹。

尽管小尧的父母授权老师可以打骂自己的孩子，尽管有《中小学教师实施教育惩戒规则》可以参照，但没有哪个学生是通过简单的打骂就能改变的，小尧的反复很多是来自他顽劣的习惯，这些坏习惯很难在短时间内得到彻底的改变，他会故伎重演，故意引起课堂的骚乱，故意气老师、撩同学，以此来吸引大家的注意力。因此小尧的家庭文明礼仪得分和学校文明礼仪得分不能仅仅是数字，而是要进行合理利用，让数字变成一个个他能满足的愿望。经过沟通，小尧在校的分数可以用来跟老师提要求，在家的分数可以用来跟家长提要求，他的合理要求，尽量满足，比如满足他换到某个小组，送给他一本想要的书，满足他养宠物的愿望，带他看一场电影等。

主题班会。

主题班会是班级管理、学生思想教育的主阵地。在文明礼仪方面，小学生的养成教育尤为重要。小尧是个特殊的孩子，当然其他学生也会存在这样那样的问题，需要班主任集中精力聚焦在文明礼仪的养成教育上。一次主题班会解决不了所有的文明礼仪的问题。文明礼仪序列化的活动可以分很多期，如仪容礼仪、举止礼仪、表情礼仪、动作礼仪、语言礼仪、服饰礼仪，还有待人接物礼仪、餐桌礼仪、与同学与老师的交往礼仪等。小学生的共情能力差，主题班会活动中教师的说教对于小学生来说起到的作用微乎其微，情景再现、情境表演、角色扮演等方式最有效，甚至每一期的主题在每学期或每学年都是需要再复习再强化。学生在发展，在长大，不同的阶段遇到的问题也不同，文明礼仪教育就是在抓反复、反复抓的过程中达成目标，帮助学生养成良好的文明礼仪习惯。在主题班会活动中，老师还要引导其他学生看见小尧同学的改变和进步，改变对小尧的看法，在和小尧相处的过程中也要多包容他，通过给学生讲《牵着蜗牛去散步》这个故事，让学生知道在文明礼仪方面，小尧的成长比我们起步晚，要耐心等等他，帮助他，而不是催他、赶他、瞧不起他。同学们都接纳了小尧，本来单独坐的小尧获得了很多小组的邀请，获得了友谊，不管在文明礼仪方面还是在学习习惯方面都有很大的进步。

当然，想要改变小尧，不能仅在班主任的课上，不能仅是班主任在场的时候，在其他任课老师的课堂上，也应该有所改变，自评分、学科老师评分、同学评分，要像一张无形的网，时时约束小尧的行为。从他律到自律，有个漫长的过程，但对于小尧来说，总有一天能体会到，以约束为前提的自由才是真正的自由。

（林艳丽）

花样少年，花样年华
——齐抓共管校园欺凌

案例：

小远皮肤黝黑，浑身总是脏兮兮的，指甲缝里积满了的灰，乌黑乌黑。他不学习，不听课，不完成作业。他问同学要钱要东西，同学不给，他就追着同学满校园跑，他以他像牛一样的体力，将同学摁倒在地，捡起地上的梧桐树籽，使劲地往同学嘴里、耳朵里塞。他手脚并用，将同学像罪犯一样按在学校的大铁门上，让同学毫无还手之力，用自己的膝盖，使劲撞同学的肚子。小远家长忙着经营生意，对孩子不管不问，也不接老师的电话。小远从上一年级就自己坐公交车上学放学，他的生活里充斥着打架、骂人、说脏话。班级里很多学生见到他就躲，可是一旦被小远盯上，躲都躲不掉。

分析：

校园欺凌，顾名思义，就是在校园内外发生在学生之间的欺凌事件。校园欺凌，有别于学生之间的玩笑、戏弄、欺负，会给被欺凌者的身心带来严重的影响，甚至关乎被欺凌者的生命安全。近年来，发生在校园内外的学生之间蓄意或恶意通过肢体、语言及网络等手段，实施欺负、侮辱造成伤害的校园欺凌事件，引起了社会的高度关注。欺凌发生在学生之间，因此除了欺凌者和被欺凌者之外的其他人，特别是老师，很难提前预知，甚至事后也不知情，直到发展为比较严重的后果。

作为学校、教师，应该德育为先，杜绝校园欺凌事件的发生；应该警钟长鸣，将校园欺凌扼杀在萌芽状态。作为家长，应该重视孩子的品德教育，加强孩子的安全防范意识，教育孩子如何保护自己不受欺凌，树立正确的价值观，做一个身心健康的人。

欺凌者和被欺凌者的产生，跟家庭教育有很大的关系。案例中，小远父母虽然生意做得大，有钱，但父母一直在闹离婚，双方都对孩子不管不问，造成了缺乏安全感的小远在欺凌别人的行为中获取安全感，期望得到父母的关注。从这个角度来说，小远也是个可怜的孩子。

策略：

学校

(1)加强德育常规：根据党和国家的教育方针，按照教育行政部门德育工作要求，结合学校中长期发展规划，制定德育计划。在德育计划中，开设预防欺凌事件专题课程，防范校园欺凌事件的发生，课程做到思想鲜明，内容具体，贴近学生实际，具有生活性、可操作性，结合不同年龄学生的特点，采取丰富多彩的形式对学生进行教育；开展预防欺凌事件的主题教育活动，体现层次性、持续性，实现主题教育的序列化，使学生知晓校园欺凌的危害，树立正确的价值观。

(2)积极营造氛围：利用集会或红领巾广播站等平台，积极营造和谐的校园氛围、融洽的师生关系、生生关系。在升旗仪式、开学典礼、散学典礼、颁奖典礼和有纪念意义的典礼上，精心设计活动议程，认真准备活动内容，保证仪式与典礼的教育效果，主题鲜明，贴近实际，形成序列，令学生印象深刻，达到教育的效果。

(3)加强过程监督：学校大队部、德育处等相关部门，应加强与班主任的沟通。班主任关注班级学生思想动态，定期梳理问题学生台账，上交大队部和德育处。大队部和德育处梳理上报信息，加强监督，因人施教，因事施教，因时施教，定期开展家长学校等课程，将可能发生在校内外的学生之间的问题扼杀于萌芽状态。

(4)关注心理健康：学校的幸福人生工作坊由学校的专职心理教师负责，为全校师生心理健康保驾护航。对于学生的心理健康教育，除了按照课程表上的心理健康课程进行授课以外，还应对校园欺凌这一主题开设专题教育，引导学生从心理健康的视角出发，分析校园欺凌事件中不同角色的心理状态，正确看待校园欺凌事件，做身心健康的人，不欺凌别人，学会保护自己。

教师

(1)召开主题班会：班主任召开以“校园欺凌”为主题的班会，将主题班会序列化，让不同年龄阶段的学生知道何为校园欺凌，校园欺凌的要素、种类，如何预防欺凌，如何应对欺凌，树立正确的价值观，做一个对校园欺凌说“不”的人。通过主题班会的开展，班级里的每一位同学，面对小远的欺凌行为，都知道应该在第一时间告知同学、老师和家长，将欺凌行为扼杀于萌芽状态。

(2)设计团体游戏：在团体活动中，进行角色游戏能较为深切地体会欺凌者、被欺凌者以及旁观者的心理状态、精神状态，才能在多元价值中做出正确的判断，才能站着他人的角度设身处地为他人着想。因为是假设的情境，在选择上他们有更多的弹性，在心理上有更大的安全感；在情感体验中，经历冲突与抉择，在真实的境遇中才能做出正确的决定。在团队活动中，扮演被欺凌者的小远才能设身处地感受被欺凌的无助和恐惧，让感同身受源于角色游戏，从此停止对同学的欺凌。

(3)加强常规教育：任课教师，特别是班主任，应在学科教学和常规教育中渗透思想教育，引导学生树立正确的价值观。常规教育教学中，除了营造良好的学风，更应注意营造良好的班风，良好的师生关系，生生关系。共同体理念下的合作关系，是良好生生关系坚实的物质基础和崇高的精神基础。班级氛围是融洽的、合作的，欺凌事件就不会发生。班主任、任课老师和同学，更加关注关心小远，小远感觉到集体的温暖，从而慢慢地懂得这样的情感体验才是快乐和幸福的。

(4)注重家校沟通：在相同价值观的引导和班级氛围中，之所以会有欺凌者和被欺凌者产生，跟学生的家庭教育有很大的关系。具体分析、了解欺凌者和被欺凌者的家庭环境及成长环境，能梳理出共性的特点来，因此学校、教师在发现问题之后，有效的家校沟通尤为重要。学校、教师应和家长一起，直面问题，甚至借助相关力量一起帮助家长、学生解决问题，及时发现，及时解决，对欺凌和被欺凌坚决说“不”！放学后小远在校外对同学欺凌行为被其他家长报警，引起了派出所和学校的高度重视，通过小远的小姨找到他的父母，经过多方沟通和批评教育，才了解到小远父母紧张的婚姻关系。家校沟通不仅是对小远心理和行为习惯的建设，还包括对其家庭关系的关注和引导。

学生

(1)立价值观：正确的价值观，是家庭教育和学校教育以及自我教育的结果。不同年龄阶段的学生，树立正确的价值观的来源也不一样，小学高年级的学生，有了独立的思想、人格，受同伴或社会的影响比较大，因此除了谨遵父母、师长的教导以外，还应学会选择和取舍，接触三观正确的人，习总书记向青年人阐述树立正确价值观的重要性：青年的价值取向决定了未来整个社会的价值取向，人生的扣子从一开始就要扣好。在主题班会课上，观看习总书记的讲话视频，知道党和国家领导人关心青年少年的成长和正确价值观的形成，了解扣好人生第一粒纽扣的深刻含义。

（2）做健康人：按照世卫组织最新的健康定义，健康是指一个人在身体、心理和社会适应上均达到完美状态，就是我们常说的身心健康。身体健康，自然会全身舒坦，心情愉悦。心理健康则是身体健康基础上对于一个人来说非常重要的身体基础和心理基础。青少年的心理健康标准包括：智力正常，情绪协调稳定，具备一定的意志和品质，人际关系和谐，适应环境，保持人格相对完整，心理与行为符合年龄特征。一个身心健康的人，会远离校园欺凌。小远学会对自己即将爆发的情绪进行管控，并非一日之功。小远的情绪和行为控制，从“要爆发的时候掐一下自己的胳膊让疼痛感提醒自己”开始。

（3）保护自己：校园欺凌是一个非常严峻的问题，首先我们要拒绝做出欺凌行为，当受到欺凌的第一时间，就要反抗，要做出反应。如果自己能力有限，要第一时间向老师、家长、同学寻求帮助，必要的时候可以学一学防身术，如拳击、跆拳道、散打等，在受到欺凌时给予反击，保护自己不受伤害。坚决抵抗他人的恶，学会拒绝，让欺凌者断了得寸进尺的念头。在主题班会活动中学会从三个方面让自己变得“强大”，一是品德好，二是身体好，三是学习好，这样才能真正“有力量”。不仅要有力量，还要第一时间寻求帮助，第一时间避免身心受到伤害。

（4）善于沟通：很多校园欺凌事件是由语言不畅引发的：不善于语言表达，遇到问题用拳头解决；心口不一，想得到同学的友谊却用欺负来降服；不能准确表达内心感受和需要，而是给人狠狠一击；不明白侮辱性语言对别人的伤害等。生活中要注意加强自己的语言技巧，如音量适中，语言有诚意，注意互动。“良言一句三冬暖”，一个善于沟通的人，既不会成为欺凌者，也不会成为被欺凌者。在主题班会活动中，学会沟通，善于沟通，真实表达自己的情感需求。

当然，社会上不正之风的留存，也助长了校园欺凌现象的发展。模仿理论认为，一切行为以及犯罪行为都能在后天学会，正所谓“近朱者赤，近墨者黑”，青少年缺乏是非判断能力，如果家长疏于管理，就会使孩子在价值观形成的重要时期，以及在孩子需要及时扭转的时候失去判断力，因此，社会应该营造正确的舆论导向。

此外，新媒体的快速发展，让一些不良信息填充了青少年的生活，错误地认为暴力是解决问题的方法。网络游戏中不乏暴力游戏，学生在暴力游戏中找到快感，并将这种快感迁移到生活中来，在同学之间实施欺凌行为。营造良好的社会环境，尽量少的让学生接触暴力文化，积极倡导健康、文明、和谐的社会文化，对于减少校园欺凌，是不容忽视和非常必要的。因此对于新媒体和网络游戏的正向引导，也是极其重要的社会责任。

（林艳丽）

俯下身子，才能看到别样的风景
——课堂冲突发生时，怎么办？

案例：

课堂上一名学生对老师挥舞起板凳砸向老师，接着对老师大声咆哮指指点点爆粗口，辱骂老师的行为还引来了另外几名学生的起哄，老师气愤地上前质问学生是不是在骂他。对于老师的质疑，几名学生根本不以为然，反而直接推搡并用脚踹老师，老师忍无可忍之下拿起一个板凳准备吓唬一个不服管教的学生，让人意想不到的是带头起哄的学生居然也顺手抄起一个板凳伸手砸向老师，无法招架的老师只好避让。

音乐课，班长小然惊慌失措地跑去找班主任说："老师快点，音乐老师让你快去，涛涛发疯了，掀翻了好几张桌子。"班主任迅速来到教室，只见桌子椅子一片狼藉，而涛涛还举着一把椅子呼哧呼哧喘着粗气，似乎做好随时朝谁扔去的准备。还好没有伤到人，教室里很安静，大家被这突如其来的阵势给吓坏了。音乐老师尴尬地说："他上课不听，还捣乱，我说了他几句，他就这样了。"

分析：

课堂冲突，是指在课堂教学中，师生之间产生的矛盾冲突。小学低段的学生与老师之间的矛盾冲突主要表现为闹情绪、不听话、不执行、我行我素、顶嘴，小学中高段的学生与老师的矛盾冲突主要表现为叛逆、顶嘴，甚至做出极端的动作威吓老师。矛盾冲突由思想上的不同，表达上的不妥，情绪上的失控，上升为语言、行为上的冲突，严重影响课堂教学，对构建和谐的师生关系产生恶劣的影响。

案例中的涛涛，父亲早逝，母亲一个人拉扯涛涛和正在上初中的姐姐，因生活所迫，母亲一天打几份工，早出晚归。涛涛小时候特别乖巧、听话、自立，小小年纪自己烧饭、上学、放学、完成作业，他懂事得让人心疼。可是随着年龄的增长，涛涛先是在家表现出跟母亲顶嘴，对母亲，他说的最多的一句话就是“你懂什么”，继而在学校表现出敏感、要强，不接受任何人的意见和建议，常常因为一点小事就和同学争得面红耳赤。

小学阶段的学生，随着年龄的增长，自我意识增强；随着学识的增长，甚至还会对父母和老师从崇拜到质疑到瞧不起；涛涛的表现，还夹杂了他懂事以后对家庭和母亲工作状况的敏感和自卑。这就是我们通常所说的逆反。过于逆反，在课堂上就会表现为与老师的对抗，引发课堂冲突。

策略：

教师

(1)加强学习：加强政治理论学习，加强教育学心理学的学习，了解国家大政方针，加强师德修养，了解学生身心发展的特点。面对进入青春期的学生，更要积极修炼自己：修炼声音，让它引人入胜；修炼语言，让它妙趣横生；修炼表情，让它神采飞扬；修炼行为，让它规范专业；修炼学识，让它如有泉涌；修炼脾气，让它逗人喜爱。提高教育教学管理水平，理论指导实践，理解学生，包容学生，赢得学生的爱戴，理解。涛涛在课堂上和音乐老师发生冲突这件事，班主任要首先保持冷静，安抚涛涛的情绪，让他冷静下来，将他带出教室，让音乐老师继续上课；了解课堂上事情发生的原委，倾听涛涛的诉说，理解他，包容他，告诉他在老师眼里的变化，但老师相信他还是以前那个懂事的孩子，现在有自己的思想了，说明长大了；但长大就该有长大的样子，例如学会尊重，遵守纪律，学会沟通，控制情绪。引导涛涛冷静下来重新审视刚才发生的事情，有没有更好的方式方法去应对。

(2)组织班会：组织以“尊重”“沟通”“认识自我”“青春”等为主题的班会活动，针对不同的年级，提出不同的要求。通过组织活动，引导学生知道平等融洽的师生关系应该从尊重老师、尊重老师的劳动、认真学习开始，懂得老师的使命不仅是教授知识，更重要的立德树人，明白老师的爱护学生的良苦用心。通过了解老师在校一天的工作，知道每一位老师都会认真对待每一节课、每一项作业、每一位学生，从尊重老师劳动成果的角度，应该遵守纪律，认真听课，积极发言。通过学习沟通的技巧，知道课堂上发生事情的时候，如何控制情绪，保持冷静，知道沟通的时机、方法，比表达激烈的情绪更重要更有效。通过认识自我，知道小时候“我”和现在的“我”，在身体、心理上发生了的变化，有些变化是可喜的，有些变化会带来负面效应、是需要积极应对的。每一次主题班会活动，都引导涛涛积极参与，重点关注涛涛之后的变化，及时沟通、鼓励和表扬。

(3)沟通团队：作为班主任，应积极主动的与各科教师联系、沟通，让各科老师全面了解学生，用发展的眼光看待学生今天的表现和成绩，与各科老师一起商讨适合每一位学生发展的教育策略，关注每一位学生，善待每一位学生，帮助每一位学生。作为任课教师，应积极配合班主任，了解学生在其他方面或其他学科课堂上的表现，有针对性地调整自己的沟通、教育策略，使师生关系更加融洽。案例中的音乐老师，因为不了解涛涛的家庭环境，不了解涛涛变化之大而对涛涛的课堂表现进行了批评，而在涛涛看来，不是他的错，而是其他同学正在招惹他，他正忍着没有发作的时候，却被老师点名批评，要批评也不能只批评他一个，老师明显是一叶障目、偏心。由此也给了班主任和其他任课老师一个工作中的提醒，及时沟通，了解学生，智慧地实施教育行为，善于把握教育的契机。

(4)沟通家长：学生的性格、脾气、习惯，主要来源于家庭教育，有的家庭溺爱孩子，造成孩子娇生惯养，唯我独尊，抗挫能力差，与人沟通的能力较差。涛涛的家庭是特例，在这样的家庭环境里成长起来的涛涛比别的孩子更早熟，随着年龄的增长，自认为心智成熟了，加上强烈的自尊心作祟，行为表现是对抗。作为班主任，应在发生课堂冲突后，积极主动与家长沟通，一个星期面谈一次，时常保持电话、QQ联系，一学期家访一次，做到联系，了解，指导，给家长传递家庭教育的理念，指导家长学习非暴力沟通，让家长深切感受到有了良好的家庭沟通氛围，言传身教，孩子也就学会了如何与人有效沟通，并持之以恒地关注学生的发展变化，看到其家庭教育的进步，鼓励家长的进步，鼓励学生的进步。

家长

(1)终身学习：不需要学习就能当家长，但当了家长之后，善于学习的人才能成为好家长。多看育儿的书籍，有效沟通的书籍，如《正面管教》《不吼不叫》《孩子的品格》《硅谷超级家长课》《你好，小孩》《为什么我的青春期孩子不和我说话？》《解码青春期》《原生家庭》《忙碌的爸爸也是好爸爸》《好妈妈胜过好老师》等等，了解原生家庭对孩子成长过程中的品性和习惯潜移默化的影响，了解孩子在不同阶段的身体和心理变化，掌握非暴力沟通的方法，明确应该做什么样的爸爸妈妈。向身边优秀孩子的家长学习，在孩子成长的不同阶段采取不同教育的方法。做好家长，理解孩子，关心关爱孩子，在高质量陪伴的过程中，及时发现孩子成长过程中遇到的问题，用科学的方法解决问题，教会孩子学会沟通，让孩子身心健康地茁壮成长。涛涛母亲忙于生计，没有时间看书学习，班主任可以每天主动跟涛涛母亲联系，一是反馈涛涛在校表现，二是向她传递书籍中的教育理念，三是了解涛涛在家表现。

(2)家庭教育：家长是孩子的第一任老师，孩子的启蒙教育来自家庭，不同的理念的家长，培养的孩子也存在巨大的差距。不同家庭的孩子，像镜子一样清晰地折射出家庭教育的不同。现在大多数学生的父母忙于工作，孩子的衣食住行甚至学习、教育无形之中就交给了孩子的祖父母。隔代疼，有的家庭会把孩子惯得衣来伸手，饭来张口，有求必应，说一不二。随着年龄的增长，骄娇二气横行，在家是小公主小皇帝，在学校也受不得半点委屈。课堂上一旦觉得受了委屈，加之认为老师的语言不够客观，很有可能会发生矛盾冲突。作为孩子的父母，不仅自己要终身学习，还要带领负责孩子日常生活的祖父母一起学习，统一教育思想，帮助孩子养成良好的生活习惯、学习习惯，培养良好的品格，提高自控能力、与人沟通的能力。

(3)沟通老师：作为家长，要积极主动与老师沟通，尊重老师，发自内心地认可、感谢老师对孩子的辛苦付出，妥善解决家庭教育与学校教育之间理念、做法不一致的问题，达成共识。家校沟通的过程，也是言传身教，让孩子看到有效沟通应有的态度和做法，这个过程，比对孩子的任何说教来的更有力。针对孩子与老师之间的课堂冲突，全面了解事情发生的经过，理性分析，不抱怨，不指责，不袒护，抓住这一教育孩子的契机，和孩子一起妥善解决课堂冲突问题。涛涛的母亲，在放学后接孩子，和班主任、涛涛再一次面对课堂上发生的事情，并带着涛涛一起去向音乐老师道歉。在之后的很长一段时间内，应积极主动与班主任沟通，了解涛涛在校表现，家校合力，帮助涛涛学会控制情绪，合理表达自己的想法或诉求。

学生

(1)向名人学习：读一读名人传记，感受名人的高尚品格、远大抱负、踏实行动，在名人思想的影响下，树立自己的理想抱负，扎实学习科学文化知识，学习名人与他人沟通的方式方法，感受他们的想法、做法以及取得的成效，在润物细无声的阅读浸润中，努力成长为一名德智体美劳全面发展的好学生。积极参加班级开展的“我向名人学习”活动，通过讲故事，做手抄报，社会实践活动等方式，树立理想抱负，坚定信念，扎实行动。涛涛做事认真有条理，语言表达能力强，他参加了讲故事比赛和手抄报评比活动，活动中的精彩表现深受老师和同学们的赞扬。

(2)向榜样学习：对于学生来说，小时候崇拜家长，上学后崇拜老师，随着年龄的增长，则受同伴的影响越来越大。见贤思齐，积极主动和品学兼优的同学交往，学习他们身上的优秀品质、学习方法，观察他们如何专心上课、积极完成作业、谦逊有礼地与老师相处、与他人沟通。调整座位后的涛涛与班长文峥以及另外两个品学兼优的女生形成一个学习小组，涛涛在这个小组内变得学习积极性高，温和有礼貌，这与小组三位同学对他的影响是分不开的。

(3)感恩老师：知道老师是这个世界上除了父母亲人之外最爱自己的人，理解老师，感恩老师。理解老师，就能换位思考，从而就能知道老师的方式方法、语气态度即使不够妥当，也都是为了自己好，从而理解老师的良苦用心；感恩老师，就能发自内心地尊重老师，积极主动地学习，以优异的学习成绩报答老师，学习状态积极了，师生关系也就融洽了。这件事情发生后直至毕业的两年里，涛涛在课堂上再也发生过课堂冲突，当然班级也没有再发生过课堂冲突，班风正，学风浓，师生关系融洽，因为班主任、学科老师、家长，抓住了此次教育契机，有针对性地解决了与课堂冲突有关的诸多问题。

(4)学会沟通：有理解和感恩为前提，就知道在课堂上遇到问题的时候如何控制情绪，课下如何找到老师或认错道歉，或解释说明，与老师有效沟通，避免了课堂冲突，又学会了沟通的技能。这种技能终身受用，在今后的学习和生活中，都将是一个受欢迎的人。现在上高一的涛涛，上进、优秀，不时回学校看望老师，眉目间多了自信，言谈间多了沉稳。

学校

(1)关注健康：小学阶段也是学生个体自我概念逐渐形成的重要时期，随着年龄的增长，自我意识增强，越发在意他人眼里的自己，在课堂上被老师指责的时候,不能很好地控制自己的情绪。而教师会因为自身阅历、文化修养、家庭情况、工作状态等因素影响自己的情绪、心理,作为成年人,加上职业的特殊性,教师往往能较好地调节自己,但也难免会有情绪激动的时候,以至于对学生的态度不够平和的事情偶有发生,关注全校师生身心健康尤为重要。

(2)开设课程:开设开足教师、学生心理教育课程,定期开展线上线下心理健康教育,引导家长、教师、学生,共同关注心理健康,积极调整情绪,让家长、教师、学生愉快的工作和学习。在遇到课堂冲突事件时,从理解老师,关爱学生,解决问题的角度出发,妥善处理,并以事件为契机,加强相关教育管理。

(3)引导学习:在学校管理过程中,除加强教师相关政策法规的学习、教育学、心理学等方面的学习外,推荐给家长阅读的书目,如《正面管教》《不吼不叫》《为什么我的青春期孩子不和我说话?》《解码青春期》《原生家庭》等,教师更要好好学习才能指导学生家长的家庭教育;同时,更新教学理念的相关书籍如《刻意练习》《翻转式学习》《自驱型成长》等,也是教师节、三八妇女节等节日送给教师最好的礼物。

(林艳丽)

以“生”作则，点石成金
——巧妙应对课间“小旋风”

案例：

五年级的小可聪慧过人，刚上小学时就能够阅读一些不加拼音的读本。可一到下课，他却成了同学们敬而远之的“小旋风”。他最喜欢做的动作就是展开手臂甩动和挥舞，经常会有同学被他撞倒或推倒。更让人担心的是他胆子越来越大，甚至出现了自己在家用打火机点火烧东西的情况……

班主任跟小可的妈妈沟通后发现，爸爸因为经常出差对小可陪伴较少，小可的教育主要是妈妈和姥姥、姥爷在负责。当小可犯错的时候，他们都喜欢给小可讲很多的道理，但是讲了很多遍小可还是没能记住，出格的行为也没有减少。

分析：

根据教育部规定，从1996年起，每年三月最后一周的星期一为全国中小学生安全教育日。时至今日，校园安全教育已经被赋予更加丰富的内涵。安全工作是学校工作中的一件大事，是学校工作的重中之重。安全不仅指身体的安全，还包括一个健全的人格和心理。无论是人身安全、思想安全，或是行为安全，它们都有一个共同的特点，那就是一旦处理不当，便会带来残酷的结果。一个个触目惊心的悲剧，一个个血的教训已经对我们敲响了安全的警钟。加强安全教育，提高安全意识是我们每个班主任必须认真面对的课题。

从表面看来，案例中的小可胆子很大，是一个会在课下顽皮打闹的孩子，是一个会在家里触碰危险物品的孩子。但是进一步分析会发现，小可所做的这些事情都是存在安全隐患的，这可能会带来不敢想象的可怕后果。据中国青少年研究中心的全国性大型调查发现，安全事故已经成为14岁以下少年儿童的第一死因。少年儿童生活和学习方面的安全隐患有20种之多，其中包括交通事故、食物中毒、火灾等等。这些都时刻在威胁着少年儿童的健康成长。小可之所以出现案例中过于顽皮的行为,主要是因为其欠缺安全防卫知识和行为安全意识。为此,加强安全教育,提高小学生自我保护能力,显得尤为重要。

策略:

特色主题班会

(一)班会准备

1. 开展班级问卷调查,通过学生问卷和家长问卷,了解学生和家长关心的安全问题。由于小学阶段学生认知能力的有限性,学生问卷的开展形式也应该根据不同学段进行相应的调整,比如对于小学低段的孩子,可以从家长的角度予以了解。

2. 针对收集的安全问题,班主任确定班会的安全主题,如课间安全、交通安全、防火防电安全等;并结合特殊日子开展具有针对性的班会内容,如每年 4 月 30 日是全国交通安全反思日,5 月 12 日是全国防灾防震日。

3. 根据学校的相关要求,结合班级实际情况,在学期初明确主题班会开展的时间和内容,制定班会课"行事历"。

4. 班主任注意拍摄收集与安全教育有关的学生照片,形成贴近学生生活的主题班会 ppt 或课件的素材资料包。

5. 班主任需要与类似小可这样没有安全意识的同学进行谈心沟通,在了解和研究学生的基础上,给小可针对性地关心和指导。在与小可的沟通中了解到,他知道挥舞拳头或手臂是不对的,但是他就是控制不住自己。他还说道,课下也不止他一个人这样做,也有别人这样做等等。从这些对话的内容,不难发现,这反映了部分小学生存在的共同特点:自控力缺乏,遇到问题先给自己找理由。于是有了下面的对话:

班主任老师:"你说控制不住自己,老师特别理解你,不光是小孩子,有些大人也是这样的。这个是蛮难改的。既然难改,那我们还要改吗?"

小可:"要改吧。"

班主任老师:"你好像不太确定啊。"

小可：“要改！”

班主任老师：“是的，确定的事情就要有确定的回答，自己要先坚定想法啊。你是好样的，已经决定要改正了。”

小可：“下课的时候，小李和小刘也这样了，他们也在打闹。”

班主任老师：“谢谢你告诉我这些，我们现在主要在讨论谁的问题呢？”

小可：“我的……”

班主任老师：“是啊，所以先把自己的问题解决，再去说别人，好吗？”

（二）“课间安全教育”主题班会课示例

关于课间安全的主题班会可以分为以下几个流程：

1. 说明课间不文明游戏的危害。

2. 强调课间安全的重要性。

3. 梳理课间可以做的事情。

其中，在告知学生课间的隐患和危险时，可以播放小学生在课间打闹的图片，再向同学们提问：“这样做可能会带来哪些不好的影响？”在强调课间安全重要性和课间可以做的事情时，可以特地请小可来说一说，既促动其思考，又进一步强化他的安全意识。通过课前的沟通，结合主题班会的强调，再加上平时的督促，能够帮助学生感受到安全的重要性。主题班会是班主任班级管理的重要组成部分，它既是班主任对学生进行管理、引导和教育的重要途径，又是培养和展现学生自我管理能力的重要体现。对于小学中高段的学生，班主任老师应鼓励、引导同学们主持和开展主题班会。

学生自主管理

在小学阶段，学生组织机构也在逐渐成为学校管理系统中的重要组成部分。学生在进行组织管理的活动中，能够从更加全面的角度来分析和处理问题，而且小学阶段的班级管理事宜，内容和形式相对单一，不仅可以帮助小学生锻炼综合能力，还能够提高学生的自信心。因此，学生组织是锻炼学生自主管理学习能力的有效形式。

案例中的小可聪慧过人，具有独立思考和做事的能力，主要是行为养成上缺少意识和习惯。班主任可以为其搭建更多展示和锻炼的平台，比如鼓励小可担任课间安全管理员——课间有事情做,提醒其他同学的同时更是提醒自己。为了让他更有责任感和担当感,还可以特地给小可配上一个印有“课间安全员”的袖章,小小的仪式感,能够让小可在“上岗”时格外精神。当然在督促他人的过程中也出现了一些不和谐的小插曲:小可提醒同学时,因为性子急的缘故,没有采用合适的方式,出现了动手阻挡,把一个男生弄哭了。面对这种情况,班主任必须明白,问题是位好老师,出现问题是解决问题的开始。事后班主任安抚了这位男生,并与小可进行了再一次的交流。还未开始说话,小可便主动承认了自己方式的不合适,还保证下次有话好好说,不动手提醒同学们。回想上一次谈话中的小可,他明显是有了大进步。为此,班主任应该肯定他的担当意识,并给他一些课间安全管理的小建议,有了鼓励和建议的小可,在日后的小岗位上一定会更加“卖力”! 那个“课间小旋风”渐渐走远了,迎面而来的是“课间小卫士”。

安全教育活动

小可是个聪慧的孩子,他在课下的不当行为和家中的危险行为,主要反映出其安全意识淡薄。学生安全意识的培养不仅要通过课堂的普及,还可以调动家校力量,开展“家长进课堂”、“专家进课堂”等安全教育活动。安全教育活动的前期准备如下:

(一)结合实际确定主题。主题的确定依据包括两点,一是班级近期关于安全方面存在的问题,比如课间安全、用火用电安全;二是结合社会实际,依照上级部门要求,需要重点传达的安全主题。

(二)开展活动,形式多样。活动的形式主要包括“请进来”和“走出去”两种形式。“请进来”主要可以邀请在相关领域的专家人士进校进班,让学生在课本之外了解更多更广阔的世界,比如可以邀请交警叔叔走进课堂,与同学们聊一聊交通安全的重要性。“走出去”的前提是方案完备,在确保安全的前提下,可以走进学校以外的场所深入了解相应安全主题的内容。比如可以走进消防大队,听消防员叔叔说一说如何防火防电的同时,亲眼见一见各类消防设备。

(三)家校协力,调动资源。教育不仅包括学校教育,在促进学生全面发展的过程中,只有协同学校、家庭和社会这三大要素,才能形成教育之路的最强合力。《国家中长期教育改革和发展规划纲要(2010—2020 年)》明确指出:“充分发挥家庭教育在青少年成长过程中的重要作用。家长要树立正确的教育观念，加强与学校的合作……”为此，作为班主任，应该与班级家长委员会保持沟通和联系，调动家长的参与性。

(四)明确方案，确保安全。尤其是在开展“走出去”的安全主题活动时，务必做好安全预警方案，保证活动的顺利开展。

（刘靖冉）

孤掌难鸣，齐力鼓之
——面对凶巴巴的他，怎么办？

案例：

三年级的小虎，既活泼又很有想法，可是同学们却不愿意和他做同桌，这个学期他已经换了好几个同桌了。这几个同学对他都有一些小意见：当他们和小虎有不同的看法时，小虎会对同学大声喊叫；不小心挡住了小虎的路，小虎会抬起胳膊使劲地甩开挡住路的同学；小组合作交流时，小虎从不听别人的想法，只顾自己说。同学们慢慢地对他都“敬而远之”了。

小虎有一个三岁的弟弟，爸爸妈妈把关注放在了弟弟身上。兄弟俩相处出现问题时，大多不分青红皂白叫小虎让着弟弟。爸爸虽是一名大学老师，也总是拿“凶巴巴”的小虎没有办法，最终总是以简单粗暴的方式不了了之。

分析：

人既是自然的人，也是社会的人。人的性质决定了其将与其他社会成员之间发生大量错综复杂的社会关系。《中小学德育工作指南》的总体目标明确指出，要形成学生积极健康的人格和良好心理品质，促进学生核心素养提升和全面发展，为学生一生成长奠定坚实的思想基础。而积极健康的人格和良好的心理品质，是离不开学生从小树立正确、健康的合作互助意识的。当今社会，小学生群体的一些心理失衡的问题也越来越显现出来，其中包括自私、任性、暴躁、易怒、孤独、冷漠、迷茫、焦虑等。这些问题对于小学生的正常学习、身体健康和有序生活都是弊大于利。为此，在已有经验的基础上，加强学生之间的合作互助，不仅对于学生个人的健康成长，也对社会的可持续发展有着重要意义。

从表面看来，案例中的小虎对人“凶巴巴”，仿佛每天都吃了“火药”。但是深入想来，小虎的行为方式、言语交流均是存在共性的——急于表达，过于自我保护，不会与人相处。可想而知，他是很难从与同学或伙伴相处的过程中获得快乐和满足感的。久而久之，小虎可能会出现逃避与他人相处的情况，如果严重，可能会出现“社交恐惧症”。这些看似不大的问题，实则会逐渐侵入孩子的身心健康，威胁少年儿童的健康成长。小虎之所以会在与人交往的过程中表现出上述行为，究其根源，是其不会表达自我，缺少正确的人际交往引导，缺乏合作互助的意识。为此，加强小学生合作互助，培养合作意识和互助精神，显得尤为重要。

策略：

特色主题班会

（一）班会前准备：

1. 学生准备：班级学生收集关于“合作互助”的古今中外小故事。通过收集资料，让小学生初步感知合作互助的好处和意义。另外，请同学们在发下去的小卡片上写一条自己在与同伴合作完成事情时的小困难、小困惑。

2. 教师准备

（1）家长问卷调查：通过线上问卷调查的形式了解家长所担忧的孩子人际交往方面的问题，了解家长对于孩子合作与交往重要性的认识等。也可以通过问卷获得一些优秀家长的好做法，从而学习和借鉴。

（2）针对班级出现的共性问题，依照相关文件要求，班主任确定班会的主题，如“齐心合作　互助成长”。并结合特殊日子开展针对性的班会内容，如每年3月的“学习雷锋月”，3月12日的“植树节”，春季和秋季的相应运动会等。这些特殊日子的共同特点在于都需要合作才能更好完成相应事项，这样结合既能牢记主题，又能够培养学生的合作互助意识和能力。

（3）根据学校的相关要求，结合班级实际情况，在学期初明确主题班会开展的时间和内容，制定班会课“行事历”。合作互助意识的形成和内化绝非一蹴而就，这需要阶段性的主题班会予以推动。

（4）班主任注意拍摄收集与合作互助有关的学生照片，形成主题班会ppt或课件的素材资料包。

（5）班主任需要与小虎这样的同学进行谈心沟通，在了解和研究学生的基础上，给予针对性的关心和指导，并与他们的家长进行连续性的沟通和反馈。在与小虎进行一对一聊天的过程中，我本以为对同学大声呵斥的小虎是讨厌这个同学的，但小虎却这样说道：“我很喜欢和他玩。”老师：“那你为什么那么大声地吼他？”小虎：“我……不可以对别人吼吗？”老师：“应该是这样的，因为有话好好说啊。对了，你说你喜欢和他玩，肯定是想和他成为好朋友吧？那更应该有话好好说啦！”小虎：“所以吼是不对的。”

通过这段对话，不难发现，小虎不知道如何用合适的方式向他人表达自己的感受或心情。他可能会觉得大声吼叫能够吸引他人的注意力，但是忽略了这种方式的不合适。小虎的事件也侧面反映出了其家长在人际交流和交往合作方面对孩子是缺乏引导的。

(二)“合作互助教育”主题班会课示例：

关于合作互助的主题班会可以分为以下几个流程：

1. 合作互助的故事分享——了解合作互助的重要性。

2. 合作互助游戏互动——发现合作过程中的难题/困难。

3. 总结克服困难的方法——以小组合作的形式讨论汇总。

4. 成立班级互助合作小分队——从学习、劳动、体育运动、生活等方面。

5. 各小分队发出倡议——群策群力思队名、想口号、读倡议。

从了解合作互助的意义着手，引导学生初步感知合作互助的重要性；再通过一些团体小游戏，既能让他们感受合作带来的快乐，又可以启发学生发现合作中可能存在的问题；接着通过小组合作的形式尝试解决问题，让学生亲身感受协同合作完成一件事的快乐和收获；最后落到实际生活和学习中，成立班级各分队，推动班级合作互助班风的形成，进一步将培养学生互助合作的意识落到实处。其中，分享互助合作的小故事时，班主任可以将课前收集的本班同学互帮互助的事例展示和分享，让同学们不仅从古今中外感受合作互助的美好，也能够从身边的真实事例中切身地感受到，拉近学生和本次班会课主题的距离。主题班会是班主任班级管理的重要组成部分，它既是班主任对学生进行管理、引导和教育的重要途径，又是培养和展现学生自我管理能力的重要体现。接近小学中高段，鼓励班主任老师请同学们主持和开展主题班会。

班级特色活动

从材料可见，小虎是个爱思考的孩子，在与同学交往中呈现的问题，主要是由于其不懂如何与他人进行合作，缺乏互助意识。想要培养学生的合作互助意识，除了依托课堂内，也要拓宽视野，为学生创造更多更广的平台。为此班主任应做好家校联动，调动家校力量，开展“学生走出去”、“家长请进来”等形式的班级特色活动。活动类型有以下参考：

(一)开展特色活动

比如可以开展参与植树节的植树活动，不仅对于培养学生爱护树木和生态环境有重要意义，而且为学生搭建与同伴合作相处的健康环境，帮助学生在栽种、播种的过程培养互助意识。值得一提的是，班主任需要提醒和引导每个植树小队在栽种前制定目标、明确分工。对于案例中像小虎这样需要帮助的同学，班主任不仅要在栽树前给予细心的指导，还要在栽树过程中多关注。如果可以的话，也可以在有指导和小组成员同意的前提下，鼓励小虎担任一个植树小组的小组长，在锻炼和担当中成长。除了“植树我先行”的班级活动，还可以开展其他合作性质的班级特色活动，比如“篮球趣味赛”、“足球友谊赛”、“养老院献爱心”等，但是需要注意的是班主任和班级家委会务必做好安全预警方案，保证活动的顺利安全开展。

(二)家长进课堂

苏霍姆林斯基曾把学校和家庭比作两个教育者，并认为它们不仅要一致行动，向儿童提出同样的要求，而且要志同道合，抱着一样的信念。依据《中小学德育工作指南》，坚持课程育人是班主任和任课教师的必然要求。除此之外，还可以通过“家长进课堂”的形式，邀请在班级中不同领域的家长进校进班，让学生在课本之余了解更多更广阔的世界，开拓学生的视野。结合“合作互助”的主题内容，可以请老红军爷爷给孩子们讲述战争年代战士们为了共同目标的齐心协作，也可以请一个个平凡岗位的家长讲述自己工作或生活中的互帮互助。面对案例中的小虎，完全可以邀请小虎的父亲来就自己研究的专业领域，结合自己的经历谈一谈合作的重要性。作为班主任，在每一次家长进课堂活动开展前，应该与班级家长委员会保持沟通和联系，通过定期家委会确定班级活动的内容和方向，在互动中调动家长的参与性，促进班级学生更加健康快乐地成长。

（刘靖冉）

绿蚁"心"醅酒

——孩子不想上学，怎么办？

案例：

四年级的小雨，天真可爱，讨人喜欢。可他却有让爸爸妈妈和老师们犯愁的行为——课堂上喜欢东张西望，玩弄自己的文具、书本；回家写作业的时间很长很长。因为学习出现了大困难，他也慢慢地变得不自信起来。最近，他竟然跟爸爸妈妈说，他不想上学了。

小雨的父母是双职工，爸妈有时加班到家的时候会晚一些，但是他们对于小雨的学习，都还是蛮关注的，比如每天都会问问他：作业写完了吗？上课认真听讲了吗？可这些关心并没有带来小雨学习上的改变和进步，问题出在哪里呢？

分析：

苏霍姆林斯基说过，如果不去加强并发展儿童的个人自尊感，就不能形成他的道德面貌。教育技巧的全部诀窍就在于抓住儿童的这种上进心，这种道德上的自勉。从表面看，这个案例是小学生存在的学习困难问题，但是仔细分析后会发现，小雨学习困难的根源主要因为没有形成良好的学习习惯，从而导致他缺乏自信，甚至厌学。

小学阶段是学生正式进入义务教育系统学习的初始阶段，也是关系学生整个学习生涯的关键阶段，拥有良好的学校适应能力对其今后的学习、成长至关重要。小雨存在的学习困难，出现不愿意上学的情况，这并不是小学生校园生活中的个性问题，可以说，每个班级或多或少都存在这样的现象。

教师如何帮助他们解决这些问题？可以结合参考维果斯基的"最近发展区"理论。该理论认为学生的发展有两种水平：一种是学生的现有水平，指独立活动时所能达到的解决问题的水平；另一种是学生可能的发展水平，也就是通过教学所获得的潜力。两者之间的差异就是最近发展区。帮助学习困难的学生应着眼于学生的最近发展区,为学生提供带有一定挑战的内容,调动学生的积极性,发挥其潜能,超越其最近发展区而达到下一发展阶段的水平,然后在此基础上进行下一个发展区的发展。同时,作为班主任,应充分发挥各方力量一齐为学习困难的学生提供帮助。

策略:

班级信箱说心声

随着年龄的增长,小学生自我意识逐渐增强。很多班主任感受到越来越多的孩子出现了不想说、不愿说的情况,尤其是面对自己的弱点或错误时。小雨也是如此,虽然性格开朗,但当与他谈及学习问题时,他总会面露难色,一声不吭。若班主任在反复交流后一直追问,恐怕会适得其反。毕竟,对于一个十多岁的少年,在你问我答之间,在短时间之内准确表达自己的想法,并不是易事。因此,建立班级信箱,也是为班级学生提供一个吐露心声的窗口。为了让班级信箱切实发挥实效,需要一套与班级建设相适应的使用规则:

1. 使用时间有规定。即投信的时间段要有明确的规定。

2. 信箱管理有分工。班级管理重在班主任的引领,关键在于形成有效的学生自主管理。建立班级信箱这一举动,一方面为更多学生提供了表达的平台,另一方面,也是给一些学生提供了锻炼能力、树立自信的机会。谁负责发布信件征集主题?谁负责配合班主任老师整理信件?谁负责爱护信箱的干净整洁?这些都在为班级学生提供参与班级建设的可能。为了调动小雨的积极性,完全可以邀请小雨担任班级信箱的管理员。有事可做,才能有机会在尝试的事情上找到自信。

让他成为好帮手

小雨虽然学习上存在困难,但是天生好嗓门,声音洪亮通透。为此,班主任充分发挥小雨之所长,先在班级同学面前充分肯定小雨的这一长处,比如在课堂中可以故意给小雨"开绿灯"——选择一道容易的问题让他来回答,回答之后借机表扬他:"小雨的声音又响亮又好听!"这样做,一方面是在营造班级舆论氛围,为接下来让小雨有所担当做准备；另一方面，也是在帮助小雨树立自信心，引导全班同学合理表达的良好习惯。接下来，班主任还需要在课下与小雨沟通，对话如下：

班主任：“我好喜欢你的声音，一听到就会被吸引。所以想给你布置一件光荣而艰巨的小任务，可以吗？”

小雨：“是什么啊？”

班主任：“课前管理员，发挥你的优势，用响亮的口令提醒同学们做好课前准备。想当吗？”

小雨：“想！”……

请小雨担任班级课前管理小干事，既可以充分发挥他嘹亮声音的优势——喊好课前口令，也可以帮助小雨调整上课学习的状态，养成带头做好课前准备的好习惯。经过观察，不难发现小雨开始有了自律的初步意识，从以前的上课就分神慢慢转变成课堂前五分钟的积极参与。虽然面对一些问题，他还讲不对、讲不好，但是他多了一份尝试的勇气和信心，开始有了对学习的兴趣。

我们常说，兴趣是最好的老师，对于学习有潜能的学生，愿意学、主动学是学好、学精的前提。为此，调动其学习兴趣，是帮助他们的第一步，但也是有难度的一步。虽不能一下子改变，但是我们可以“围魏救赵”。首先，班主任需要充分与学生的家长和任课教师做好沟通，发现此类学生的长处，或是劳动勤快，或是喜欢朗读，或是声音洪亮，或是喜欢运动……人无完人，但皆有闪光之处。班主任需要有一双慧眼。接下来，结合班级工作中的需要，让这类学生有事做，在校园生活和班级舞台中，发挥所长，找到存在感，感知自我价值，从而为他们树立自信心做铺垫。只有在一个群体中有了初步的自信，他才有可能有勇气面对自己的短板，在更多的方面提升和成长。

同学互帮成常态

差异性是班级学生的主要特点之一。能够有效利用的关键在于——正视差异，扬长补短。小雨在学习上存在困难，就一定有在学习上有优势的同学。为此，班主任可以成立班级“先锋队”，小队成员以 2 至 3 人最佳。其中包括一名学习困难的学生和一到两名学习领先的同学。每个小队开展的内容以帮助学习困难学生复习巩固和查漏补缺为主。比如在语文生字学习上，小雨存在很多未能及时掌握的生字词。那么"先锋队"便可以有针对性地为小雨进行报听写;又比如小雨的英文对话不会背或容易忘,那么"先锋队"的成员便可以开始定期抽查小雨的背诵。这样的形式,不仅可以帮助学习困难学生夯实基础知识,促进小雨的学习进步,而且能够调动班级同学之间在学习上的互帮互助,形成班级学习共同体。

在推荐班级"先锋队"建设的过程中,班主任要对队员们的表现及时肯定和反馈,在班集体中做好宣传和表彰,一方面对学习困难和学习领先学生的参与和投入进行肯定,另一方面要对他们的进步加以表扬和赞赏。如果再将班级奖励制度与此项活动结合开展,并且形成常规性的班级活动,那便能达到更佳的效果。毕竟,奖励是最甜的糖果,坚持是最好的老师。

家庭奖励要完善

解决学生的问题,除了充分调动班级有效力量,家庭教育必不可少。结合实际经验,不难发现,像小雨这样在学习上存在困难的同学,他们的家长大多也存在类似的困难——不知道如何帮助自己的孩子。正如案例中说的那样,小雨的家长认为自己已经关心和督促孩子了,但是从呈现的结果来看,并没有起到积极作用。为此,班主任需要这样做:

1. 及时与这些家长保持沟通,给予他们家庭教育的相关指导。

2. 班主任在给予家庭教育指导时,要遵循两个原则:一是明确共同目标;二是建议小、好实行。

3. 在达成统一战线的基础上,了解家长家庭教育困难的前提下,给出好落实的建议。这里需要着重介绍的就是——家庭奖励制度。

大多数家庭的奖励是说一次实现一次,存在零散性、随意性的特点。这类型奖励其实是浪费了给予孩子正确引导和激励的更多可能性,因为一套相对完善的家庭奖励制度很有必要。比如我们可以这样做:

(1)积分制家庭奖励墙——找到孩子需要调整的一个小方面。就小雨而言,可以把提高写作业的时间作为一个小目标。每达成一次累计一次,达成五次或十次,可以兑换想要的奖励。

(2)全员参与目标墙——父母也找到自己需要调整或希望达成的一个小目标,和孩子一起确立下一周或一个月的小目标,然后一起努力。比如小雨的爸爸希望每天都能保持30分钟的运动习惯，小雨的妈妈希望每天抽出时间看书，小雨希望提高自己写作业的时间，那么三个人就可以树立家庭目标，然后互相督促一起努力。

特别关爱送给你

步入小学以后，孩子在各个方面都会被比较，在比较之中发现各自的优势和劣势。正确面对自己的劣势，也是班主任需要对学生进行的有益引导。毕竟，每一个孩子都是独一无二的存在。为此，多给像小雨这类学习潜能生独一无二的关爱，也是帮助他们解决学习问题的组成部分。作为班主任，可以多在课下和小雨交流，看到他书写有进步，奖励给他一个糖果，并偷偷告诉他，这个糖果只有他有。接下来你会发现他在上课时候格外投入；看到他听写的词语比上次少错了一个，你可以在全班进行表扬，那么你可能会在下次听写中发现他的正确率又高了一点；看到他与“先锋队”的成员正在复习，你可以摸摸他的小脑袋，告诉他你很为他骄傲，接下来你会看到有些害羞的他会更加努力地对待自己的复习任务。

说一句鼓励的话，竖起一次大拇指，这都是给予学生最直接的肯定和表达，这些行为可以让学生感受到班主任老师对他们的关注和重视。在学习上存在困难的学生，大多在长期的校园生活中存在不自信的现象，他们做事说话开始出现不敢、不愿的情况。所以，保护他们的自尊心，建立他们的自信心，爱是根基。

（刘靖冉）

小学段

▶▶▶ 家校共育篇

特别的爱给特别的你
——教师节要给老师送礼物么?

案例:

涵涵上一年级了,眼看教师节就要到了,涵涵妈妈左右为难,要不要给老师表示一下呢?买什么礼物送老师好呢?涵涵妈妈在只有家长的班级群里问:“教师节,大家有什么想法?”孩子才入校几天,家长之间还不熟悉,没有家长回复她,她尴尬且更不知道怎么办才好。9月9日这一天,班主任在班级群里发了致家长的一封信,主题是倡导绿色教师节,涵涵妈才放下心来。

分析:

教师节,倡导全社会全民尊师重教,这本是一件好事。但在自媒体时代、信息极速传播的今天,往往只需要发生在个别地方个别教师身上的一个特殊事件,人们往往不能理性看待事件,在留言区会将近年来出现在教师队伍中其他的个别现象串联起来,如教师的性侵犯、教师有偿家教、接受家长吃请等,升级为教师群体事件,并大加指责批评。

案例中涵涵妈妈受社会舆论的影响,认为教师节就该给老师送礼,不送礼孩子就得不到应有的关照。她的想法代表了大多数家长的心声,送礼吧,不知道送什么合适,送多送少没个度,不送吧,怕别人都送了,自己不送,孩子在学校吃亏。

策略:

清者自清显高洁

教师要规范自己的言行,做一个有爱心,有责任心,有良知的老师。

(1)学习相关法规:《教师职业道德规范》要求教师爱国守法、爱岗敬业、关爱学生、教书育人、为人师表、终身学习。《中国教育现代化 2035》提出加强师德师风建设,把师德师风作为评价教师队伍素质的第一标准,实施师德师风建设工程。以教师节是否收到礼物而区别对待学生这样的事,坚决不做。

(2)珍视崇高地位:教师节是倡导全社会对教师的尊重而设立的法定节日,体现了国家、社会、人民对教师的尊重,提高了教师的社会地位;《教育法》规定,国家保护教师的合法权益,改善教师的工作条件和生活条件,提高教师的社会地位。教师应该为此而感到骄傲且更具职业幸福感,教师更应该自尊自爱,努力做好教书育人工作。教师节,不应该成为老师向学生索取礼物的契机。

(3)重视日常影响:教师在日常的教育教学工作中,应该以职业道德规范要求自己,公平公正地对待每一位学生,让每一位学生健康快乐地成长,让学生感受到,受教育是他们的权利,教书育人是老师的责任,老师对学生的爱是无条件的,生病时得到老师关切的问候,有问题得到老师的耐心的解答,迟到时得到老师的理解,上课时得到老师的提问,注意力不集中时得到老师的提醒,和同学有矛盾时得到老师公正的处理,看到老师和家长沟通时是平等的对话……老师把特别的爱,给每一位特别的学生,在学生心里撒下爱的种子。

(4)召开主题班会:班会主题可以是“我心中的好老师”“老师,我爱你”“教师节,我给老师送什么”。通过主题班会活动,引导学生正确看待教师节,让学生知道,教师节是体现国家尊师重教的而设立的节日,老师不收礼,学生也不需要在这一天给老师送任何礼物。学生可以用特别的方式表达对老师的爱,献给老师节日的礼物可以是一声问候,一个微笑,一个拥抱,一封信,一首歌,一手好字,一次优秀的作业,一张自制的贺卡,今天我给老师当助手等。学生把特别的爱,献给特别的老师,在老师心里播下爱的种子。

(5)组织联结活动:教师节前后的休息日,可以由班级家委会牵头,组织一次环保登山活动,经过一个暑假,同学之间两个月没见面了,登山活动一方面锻炼学生的体能和毅力,一方面培养学生的环保意识,既联络了学生之间的感情,又和老师一起欢度了教师节,活动的创意来源于教师节,活动的意义又超越教师节,以教师节为契机,在班级活动中同学之间播下爱的种子。

(6)维护教师形象:从自身做起,与家长平等交流,不收受家长礼物,不接受家长吃请。在平时的工作中,让家长看到清正廉洁,认真工作,真心对待学生,对学生一视同仁、不偏不倚。

(7)作为刚入校的一年级学生家长涵涵妈妈,纠结是否老师送礼很正常,但作为老师,我们应该打消家长的这样顾虑。如何让家长放心地把孩子交到我们手上享受公平公正的待遇呢,首先,在日常的教育教学中对涵涵多加关注,主动及时跟她联系,让她知道涵涵在校表现,向她询问涵涵在家表现,以实际行动向她证明,家长不送礼照样可以很放心。其次,班级里的评优评先,依据相应的评价标准进行,让所有家长知道,荣誉、奖项的获得,都是靠孩子自己的努力所得。再次,对于学习上有困难、行为习惯上有问题的学生,老师主动与家长沟通,让家长及时了解孩子在校表现,有效陪伴,及时帮助。最后,在班主任记事本上,制定沟通的计划,如每天主动沟通几位学生家长,留下沟通的痕迹,如沟通的目的、方式方法、效果。这样持之以恒地做下去,学生家长一定能感受到老师的用心、真心和耐心,由此对老师产生的信赖,何尝不是老师得到的最宝贵的礼物呢。

高瞻远瞩有情怀

师德师风建设要常抓不懈,教师表彰要时时进行:

(1)师德师风建设:学习相关法律法规,抓反复,反复学,立德树人,为人师表,及时发现优秀教师的优秀做法,在教师的分享中鼓励、表扬,让教育智慧分享形成常态,让每位老师见贤思齐,成长为有理想信念,有道德情操,有扎实学识,有仁爱之心的四有好老师。

(2)教师节表彰:每年教师节的颁奖典礼是学校的盛事,优秀的教师,优秀的家长,优秀的保安,优秀的后勤工作人员,胸前挂着绶带,在激昂的颁奖音乐中骄傲地走向主席台,这是对教师以及为学校发展、为学生成才默默付出的工作人员的最大的褒奖,我的付出你看得见,我的优秀你看得见,我的成绩你看得见,学生成长拔节的声音你听得见。

(3)教师的福利:一个人,一个团队,最引以为傲的莫过于在一个很高的平台上一览众山小。为打造优质的教育品牌,一群人在努力,为坚守优质的教育品牌,一个团队在奋力,学校的发展是教师最好的福利。学校的核心价值观,应该是在成就学生中成就自己。成就了职业幸福感,这便是教师节最好的福利。

(4)给家长的一封信:学校经常通过校园网、微信公众号、致家长的一封信等方式,让家长和社会各界看到学校的办学理念,学校师德师风的建设成果。在教师节来临之际,发放致家长的一封信,宣传学校的核心价值观,感恩家长的支持,倡导绿色教师节,以这样的方式告诉家长,学校、教师是清正廉洁的地方,有着一群清正廉洁的人,打消像涵涵妈妈一样纠结教师节给老师送不送礼、送什么礼的家长的顾虑。

有效沟通辨舆论

(1)学生家长应相信老师,多和老师联系、沟通,在沟通中了解老师的教育教学理念,使家庭教育理念与学校教育教学理念保持一致,形成家校合力,更好地教育孩子。在与老师沟通的过程中,能更加深入地了解学校的师德师风成果,更加相信老师有着高尚的师德,打消教师节送礼的顾虑。

(2)教育是民生工程,社会关注度很高。师德师风常抓不懈的情况下,在个别地方个别教师的身上,依然会偶发负面新闻,引起较大的社会反响,引发对教师群体较大的负面舆论。作为家长,在自媒体的时代,应该时刻保持清醒的头脑,了解事情的原委,避免人云亦云,更不以点概面。

家校合力,建立在互相信任的基础上;家校合力,让每一位学生健康成长;家校合力,为国家培养高素质的接班人。这便是教师节最好的礼物,也是教育工作者,送给祖国最好的礼物。

(林艳丽)

向美而生

——如何提升学生审美素养?

案例:

六年级的小张同学是个学习中等、性格乖巧、长相普通的女孩。最近发现她上课注意力不集中,会在课桌底下偷偷看课外书,内容大多是校园言情,还会看部分耽美小说。小张在周记中写道:长大后我的理想是当一名漂亮的女网红。小张的父母都是普通工人,平时早出晚归,工作较忙,家里还有一个正在读高三的姐姐。小张的妈妈也反映,孩子最近在家会偷偷涂抹她的指甲油、口红等化妆品,还会偷偷穿妈妈收在柜子里的高跟鞋。

当班级学生出现审美偏差时,作为班主任的你该怎么办?

分析:

十一二岁的女生正处于青春期,她们的生理和心理都在发生微妙的变化,自主意识越来越强,喜欢追求独立个性,想要让自己变得更加与众不同。

青春期的孩子对成人世界也充满了好奇,对异性产生好感,并且在意异性同伴对自己看法,这个时期的女生会格外注重自己的外在形象和言行举止。

小张的父母工作较忙,加上家有考生,平时将更多的注意力放在了姐姐身上,较少和小张沟通,很难发现孩子心理上的变化,对其关心也不够。小张因青春期和猎奇心理会去读言情小说和耽美小说,从而满足自己内心情感的缺失。

受书中内容和社会上一些不良风气的影响,小张的价值观念也在发生变化,认为外表的美丽是重要的,因此想要当一个漂亮的女网红。

策略:

书写美

“美”包含的内容是多方面的,但是每个人对美的理解和态度各不相同。那学生眼中的美又到底是什么呢?我在班级举办一次“书写美”的作文大赛,让每个学生都谈谈自己对美的理解,用笔写出你眼中的美。

通过学生的写作发现,以小张同学为代表的部分学生认为,美就是指外表的光鲜亮丽,只有拥有了美丽的外表,才能有更多的机会和可能,甚至受不良宣传的影响,主张“美丽至上,美丽无罪”的观点。也有一部分学生认为,美应该是精神层面的,包括丰厚的文化底蕴,“腹有诗书气自华”才是美的最高境界。还有一部分学生认为美是多重的,有精神之美,也有外形之美,要努力让自己具备这两种美。

辩论美

根据学生的作文内容,我在班级举办了一次“辩美大赛”,在比赛之前给出辩题:精神之美和外形之美哪个更重要?学生根据自己的看法组成两个队,并且各自推选四人组成辩论队,安排一周的时间进行准备,去搜集对自己有利的论据。

班主任在辩论之前进行了统计,发现班上 30 名学生认为外形之美更重要,22 名学生认为精神之美更重要。外形之美的同学大多举出了娱乐明星和当红主播的例子,认为如果没有姣好的容貌他们是无法获得今天的成功。精神之美是无法被别人直接看见的,外形之美才是真实能够被定义的。

主张精神之美的同学则列举了残奥会冠军许庆的例子,认为精神之美是一种向上的力量,帮助人克服困难,走出困境,而且精神之美虽然无法直观上看到,但是可以影响人的一言一行,就如许庆用自己不屈不挠的精神之美引领青少年积极向上。外形之美会随着时间的流逝一点点消失,真正被留下来的却是精神之美。一位辩手还举出了娱乐圈的一些反例,一些明星虽然外形美,但是偷税漏税的行为是丑陋的,虽有美好的面容却毫无底线,给青少年造成了不好的影响。

通过学生的辩论,班主任也进行了总结:我们每个人都希望向美而生,但是我们要分清楚什么是真正的美,什么样的美最重要。如果只认为外表美才是最重要,那是因为我们对美的认识比较肤浅。那些真正被铭记的人一定是因为他们用自己的精神在感染着我们。身体发肤，受之父母，我们或许无法改变自己的外形，但是可以通过不断读书，提升自我素养，将精神之美建设得更加美好。

发现美

通过书写美和辩论美的环节，我单独找到小张同学进行一对一的沟通，发现孩子的观念已经有了一些改变，认为外形的美丽或许不是最重要的，自己看的言情小说中的女主角都是外形漂亮的女生，看到电影明星姣好的面容都十分羡慕，所以才会偷偷地涂抹妈妈的化妆品，希望可以让自己变得更加漂亮，这样才能吸引他人的注意力。

通过和小张同学的谈话，我在班级举行了“读书漂流之发现书中的美”活动。让学生选择自己喜欢且经典的书目进行阅读，一个月后进行全班分享，将自己认为能够真正帮助我们发现美的书籍推荐给全班同学，并且授予“好书推荐人”荣誉奖章。

通过读书分享，孩子们推荐了类似于《简·爱》《假如给我三天光明》《爱的教育》等书，并且说出来自己在这些书中获得的精神之美。令人欣喜的是，小张同学还主动分享了自己觉得最美的书——《钢铁是怎样炼成的》，自己是如何被主人公身上的精神所震撼。

根据同学们的分享，身为班主任的我也进行了适当的总结：我们要读书，但是更要读好书，要善于去发现真正有利于我们成长的书籍。

讨论美

班上也有一些同学和小张同学一样崇尚“美丽至上”的观点，我举行了一次“辨时尚，识真美”的主题班会。该班会的主要目的是为了让学生树立正确的美的观念，我们要注意自己的仪容仪表，但是不应该过分追求美丽的外形。

班会伊始，请优秀学生代表发言，阐述自己眼中的时尚和审美观，然后让其他同学进行点评。教师结合学生的发言进行正确引导，再结合生活中的一些实际案例，让学生四人一小组进行讨论，然后再推选小组代表进行汇报发言。学生谈到了大山女孩的燃灯校长——张桂梅，她用自己的行动去改变大山女孩的命运，即使身体已经无力支撑，她依然用最美的姿态教育每一位学生，这就是大写的人，这才是真正的美!

学生代表通过分享和发言认识到真正的美不能够只停留在外表,应该是心灵美、行为美、品德美才是真正的美。班会最后老师进行总结:我们要学会辨别时尚,认识真美。

创造美

经过上述三个活动,班级里已经看不到不利于学生成长的言情小说,但是如何才能持续巩固这些成果?如何让学生真正地理解美呢?

我通过和家委会家长商议,定期带学生们进行室内或者户外活动。比如利用班会课,我们举行了“微景观”制作活动,每位同学发好各自的材料,然后根据自己的审美去进行微景观的创作,对学生的制作过程进行拍照留念,通过微景观的制作,和学生们一起在实践中发现美,要用自己的双手去创造美、用心灵去感受美。

利用周末的时间,组织学生去公园里植树,在实践中让学生感受到我们可以用自己的实际行动,让这个社会因我们而变得格外美好。

美是我们一生的追求,让每一个孩子都真正的向美而生。

（凌亚茹）

小学段

▶▶▶ 热点透视篇

不信东风唤不回
——孩子染上手机瘾怎么办?

案例:

六年级上学期开始,小锐同学开始出现上课无精打采、好打瞌睡现象。我注意到这些问题并找他谈话,了解到他平时大多数晚上时间都在玩手机、打游戏。到了下学期,情况愈加严重,作业不能按时完成,有时竟迟到或干脆不来上学了。学习成绩虽然出现大幅度下滑,但是孩子却不以为意。

小锐同学是家里的独生子,父母均为进城务工人员,工作繁忙,有时无法照顾陪伴孩子的学习生活,但也非常重视孩子学业,寄希望于孩子好好读书改变命运。面对这样的学生,作为班主任,你该怎么办?

分析:

面对孩子的这种情况,身为班主任的我立刻意识到了问题的严重性,很快进行了一次家访。然后多次和他谈心,在和他父母交流情况后,我分析孩子出现这种情况主要有以下几方面的成因:

家庭因素

男孩的父母由于工作原因,每天早出晚归,父母和孩子之间交流很少。由于手机上瘾导致成绩下降,孩子和父母的矛盾也越来越大。每当孩子做作业遇到不会的问题时,就问奶奶要手机查答案。慢慢地,孩子对手机依赖性越来越大。父母的有效陪伴是教育最为重要的一部分,小锐同学缺少的就是这些。奥地利心理学家阿德勒认为,儿童的首要目标是追求价值感和归属感。青春期的孩子身心发生着急剧的变化,自我意识迅速膨胀,他们渴望独立,更渴望获得赞许。这时就需要家庭父母温暖的陪伴。但这个孩子没有,这时手机的“陪伴”就成为他内心孤独焦躁的最大“慰藉”。

自身因素

男孩自控能力薄弱,缺少刻苦钻研精神。面对父母工作的现实情况,他不能做到自立自强;当学习遇到困难时,他缺少刻苦钻研精神,学习目标不明确。不会做的作业,直接上百度查找答案,不愿去动脑思考,学习成绩一落千丈,挫败感与日俱增。他接触手机游戏之后,在游戏中找到了自身内心的成就感和满足感,在行为上找到了新的释放方式。另外,在意识到自身手机依赖问题之后缺乏自控能力。

环境因素

时代在进步,手机、电脑、互联网已经成为人们生活中不可或缺的一部分。手机是一把双刃剑,用得好对我们的生活会产生积极的作用,但如果沉迷于手机则会影响学习和生活。从学校和班级的一些调查中不难发现,患有手机网络成瘾或网络成瘾倾向的学生不在少数,并呈现逐年递增的趋势。

策略:

教育不是一味地说教,如果我们只是像念经一样告诉小锐沉迷手机是一件不好的事情,不仅无法帮助小锐真正戒除手机瘾,甚至会起反作用,引起孩子的逆反心理。面对这个孩子,我决心用我的教育情怀来唤醒他,帮助他。

晓之以理,动之以情

首先我和孩子进行坦诚的交流和沟通,必须要让他意识到自己问题的严重性,让他认识手机网络的“真面目”,自觉从自己内心深处警醒。我帮助他进行自我审视,了解自己的真实学习状况,尤其是沉迷手机后,上课听课效率下降,成绩也出现大幅度的下滑,而且长期熬夜,也不利于你的身体健康。此外,应用自我心理积极暗示:如果又有了想玩手机的念头时就反复自我暗示,如“不行,我现在要认真学习独立思考”,“我一定能行,今天绝不上网”,“我一定能不借助手机独立完成作业”。当我们能够抵制诱惑的时候,其实就是一次自我进步的过程,每个人最难打败的不是别人，正是自己。当我们用信念战胜自己时，不妨给自己积极的暗示：我真是一个了不起的孩子，我今天又战胜了自己。通过正强化，不断巩固小锐的行为，从而帮助他真正戒除对手机的依赖。

换位思考，引起共情

我和他一起想象，帮他换位思考。让他站在父母的角度思考，面对自己这种情况，父母的内心会是怎样？他们劳累了一天后走进家门，想到自己孩子学习状况时，他们的内心会是多么焦急，多么无奈，多么失望，多么痛苦！让其站在父母的角度体会和理解父母的良苦用心。让孩子去体验父母的角色，真正走进父母的工作场所，利用周末时间和父母在工厂度过一天，感受父母生活的不易，激发小锐内心向上的斗志和力量。

家校沟通，形成合力

我一方面做好小锐的思想工作，要他理解父母体谅父母养家的不易，还积极鼓励他和父母交流沟通，让父母知道他内心的需求；另一方面主动和他父母联系，和他们一起商量解决的办法。先对小锐父母的工作和生活的不易表示理解，然后站在教育的角度给予真诚的意见：我们对孩子的关注不应该仅停留在物质层面，孩子的成长只有一次，身为父母我们需要尽到责任和义务，对孩子我们要给予足够的陪伴，在陪伴的过程中建立良好的亲子关系。也可以及时发现孩子的问题并且及时沟通解决，从而形成良性循环。

契约立法，相互监督

我、孩子及其父母三方沟通之后共同制定使用手机的行为契约：从时间安排、上网内容和奖惩机制三方面来制定计划。三方合力形成良好的监督机制，适时给予必要的警醒，锻炼自我管控能力。在共同商议后，行为契约是：周一至周五功课完成后可以看半个小时手机，允许有五分钟的弹性时间，若能遵守周末奖励一小时看手机时间；若超时就要缩短第二天看手机的时间，用两个月时间逐渐摆脱对手机的依赖。此外，孩子还提出：希望通过自己的自控力遵守时间规定，而不是父母唠叨和提醒。针对父母也有个契约：在规定时间没到时，父母不能唠叨，若违反应适当延长。其实从这个提出的契约可以看出,他希望父母能够相信自己。事实证明,孩子在行为契约履行的过程中能够很好地约束自己。母亲说孩子大多数时候都能遵守契约,偶尔有几次超时,在第二天也会自动缩短上网时间,这让母亲倍感欣慰。她也会及时对孩子的良好表现给予表扬和鼓励。孩子现在也经常将学校发生的新奇或开心的事情和父母分享。

转移注意,培养兴趣

为帮助小锐尽快摆脱手机影响,我积极鼓励他多参加体育锻炼,去运动场跑步、打球,在运动中体验快乐,释放压力。同时,鼓励他多做一些健康和休闲的活动,如,我在课前让他读一些轻松愉快、有趣味的书刊;动员班干部主动和他一起散步、周末一起郊游等,让其在活动中多结交有正能量的好朋友,获得心理的愉悦和支持。此外,我还通过平时和他来往密切的同学,多关心关心他的学习生活,多和他谈谈心,用实际行动影响他,让他切身感受到同伴的关爱和温暖。

主题班会,巩固效果

通过开展“话说手机”的主题班会,让同学们在班会上畅谈手机的利与弊。大家积极分享一些因手机成瘾导致荒废学业的鲜活案例,让同学们深刻体会手机成瘾的危害性。在平时多鼓励班级同学参加健康积极的活动,组织开展丰富多彩的班集体活动,树立正能量的良好班风,让同学们从心理上远离手机,养成积极思考问题的习惯,用集体的力量感染每一个人。

子规夜半犹啼血,不信东风唤不回。案例中的小锐属于中度手机成瘾倾向。从案例中可以看出,手机成瘾的成因是多方面的。身为班主任,首先要正确认识手机成瘾,对手机成瘾有一个科学的了解,针对不同的个体先分析其原因,然后再“对症下药”。但是总的来说,主要是加强和学生的交流,倾听他们的心声;加强和学生父母的交流,信息互通,资源共享;加强班集体建设,营造健康氛围。此外,如果手机成瘾较为重度,我想依靠班主任一己之力是难有所成的,还需要借助专业心理辅导或专业治疗的力量才能使“患者”得到更好更及时的矫正。

(陈　晨)

风正一帆悬

——小升初，孩子自主学习能力弱怎么办？

案例：

小张是一名六年级的小学生，学习成绩中等。最近的她焦虑、烦躁，上课总是心不在焉，作业也变得越来越马虎，成绩大幅度下滑，能够明显感觉到学习上情绪出现较大波动。

小张是家中的独生子女，父母是进城务工人员，工作繁忙且辛苦。父母对于小张平时要求严格，并且寄予厚望，经常对孩子说：“毕业考试一定要考好，否则就没有好未来。”

分析：

六年级是小学生的一个重要转折点。初中将会面对更多的学科、老师、同学，学习环境都将是陌生的。大部分孩子升入初中后一时不能适应，很难自主学习。因此在小学的最后阶段——六年级，教师帮助学生提高自主学习能力变得尤其重要。

学习过程其实不仅是教师教、学生学的过程，还需要学生自主探索，积极构建学习框架，找到适合自己的学习方法，变被动学习为主动学习；还要在学习的过程中不断总结经验方法，从而提高学习效率，真正实现自主学习。小张同学自主学习能力弱，心理脆弱，在父母的压力下，面对未知的初中学习生活出现了焦虑和不安的情绪，因此成绩下滑，上课缺乏主动性，课下作业无法及时完成，或者完成效率较低，从而恶性循环，造成了孩子心理防线的崩溃。归结原因主要有两个方面。一是客观原因：课程内容的变化、学习方式的变化、对学生学习适应性的指导不够、家庭教育问题的影响、学习难度广度变大。一是主观原因：基础知识较为薄弱、学习动机不强、学习习惯不良、心理发展水平滞后或存在缺陷、对新的学习环境了解和准备不足、心理脆弱。

相比较来说，主观原因对学生的学习影响较大，为了使像小张这样的即将上初中的毕业生能尽快地适应未来初中的学习，在小学最后阶段提高他们的自主学习能力，我一般会根据他们的知识水平和心理特点，做好这几项工作。

策略：

携手家长，助力成长

家庭是学生学习的第一场所，父母更是孩子的第一任老师，父母的行为、三观、格局等无时无刻不在影响着孩子。因此，家庭教育在孩子的一生中都起着重要作用。

在小学的最后阶段，父母的关心与帮助永远是孩子信心与力量的最大源泉。家长要处理好工作和家庭的关系，不能因为工作而忽视了孩子的需求，毕竟父母的关心与帮助永远是孩子信心与力量的最大来源。家长要引导孩子相信新老师，友善对待新同学，教会孩子与新同学沟通。

面对小张同学学习成绩中等、学习自主性差的问题，我主动和家长建立良好的合作关系，和家长共同商量对策，引导家长知道在家该怎么做，不该怎么做。并邀请部分学生家长在班会上讲述自己“奋斗的故事”、“工作的经历”及在家庭教育中培养孩子自主性的经验方法。

多措并举，树立信心

每个孩子内心都是向上的。孩子学习自主性差，大多情况是缺少信心，认为自己做不好，所以帮助孩子树立信心是关键。

方法一：开好“自信”为主题的主题班会，让孩子们明白“自信是成功的第一秘诀”的道理。孩子们在班会课上充分交流，要求每人都分享有关“自信”的故事或“自信”的诗词歌赋，让大家在分享中体验一起学习的快乐，树立信心。

方法二：建立学习小组，学会小组互助。每个人都要找一个志同道合的学习伙伴，相互监督，相互鼓励。

方法三：活动展示。一方面鼓励孩子积极参加校内外一切比赛和志愿活动，另一方面,班会课由孩子们来主持讨论,让孩子们在活动中感到快乐体验成就。

方法四:个人谈心。好孩子都是夸出来的。特别是那些缺乏自信的孩子,我会经常在不同场合和他谈心,鼓励他勇敢自信。孩子有了自信心,他就愿意去表现自己,主动去解决问题。遇到困难时,他首先会想着自己怎么解决,这样下去,小张的自主学习能力提高了很多。

以身作则,指导计划

好的方法加上勤奋的努力,可以达到事半功倍的效果。在小学阶段我们不难发现,很多女生非常勤奋,不少孩子晚上都学习到十点多,周末甚至还会请私人教师辅导,但是学习成绩却很普通。通过对小张同学的观察,我发现她对于学习有一定的盲目性,缺乏计划性。针对这样的情况,我单独找到小张同学,给她说明我们做任何事情都要有计划性,按照计划有的放矢地进行学习。比如,我们可以每天早晨安排三十分钟进行朗读和背诵。一三五背诵英语,二四六背诵语文,星期天进行总结和反思。要善于利用自己的零散时间,比如课间十分钟,每天课间背诵一个英语单词,积少成多。

与此同时,我会召开这样的主题班会,让学生理解学习要有计划的重要性。在班会上,我把制定的每天学习工作计划呈现给同学们,以身示范,给他们树立榜样;然后再要求每一个同学像我那样制定自己的学习计划,相互监督,认真执行。

掌握方法,有效学习

从小学教育过渡到初中教育,其中最主要的是学习方面的变化,科目增多,容量增大、难度加大,要求高了,老师的教学方式也发生转变,这就对学生的自主学习能力有很高的要求。因此,为了更好地帮助学生适应以后的初中学习,小学的最后阶段我帮助学生形成以下好习惯。一是培养时间观念。时间一去不复返,让学生明白每一分每一秒的学习都是不容忽视的,要建立好的学习和生活节奏,学会按计划的学习。二是培养预习和复习的好习惯。首先,告诉学生在学习新课之前及时预习,遇到不懂的地方可以及时做好批注,上课要格外注意聆听。放学后不要先着急写作业,而是要先将今天学习的各科知识点进行复习和回顾,养成先复习后做作业的良好习惯。然后,教会学生预习。预习大致可分为两个阶段。第一阶段需要对知识点进行简单的了解,对感兴趣或者觉得困惑的地方记得及时做上标记。第二阶段要解决一些实际问题,养成边看书边记下要点的好习惯。最后,引导学生养成及时复习的习惯。故说:“温故而知新”。复习可分为三个阶段。整理知识。将白天课堂上老师进行讲解的重要知识进行回忆、记录、反思、总结。反复练习。练习是最为重要的一个步骤,反复练习课堂上讲的东西,所以有一句话说“学习就是重复。”巩固提高。对于有疑惑的地方要及时查阅资料,如果还是弄不懂,要在第二天及时找任课老师求教,根据老师的讲解,再有针对性地做相关练习,在巩固的基础上强化对知识的消化和理解。

密切关系,关注心理

六年级正处于青春期转折关头的孩子,心理状态是复杂的,失衡的比例是很大的。如果得不到及时的引导,上初中的第一步很难走好。因此,我每天都细心观察了解孩子的心理变化。根据不同的情况,有的放矢地做好疏导工作,使孩子一开始就有一个良好的、健康的心理状态,迎接新的初中生活的挑战。

为了深入了解学生,要对学生心理状况心中有数,身为班主任的我会利用一切机会、一切场所和学生开展谈心,尽可能倾听学生的诉说。让学生将自己一周或最近的表现在家校记录本上作自我评价,把内心的苦恼和困扰告诉老师,把对班级、对老师的要求也反映出来;这样一来,孩子们的内心世界就会向老师敞开,及时得到老师的指导和帮助。

潮平两岸阔,风正一帆悬。案例中的小张同学就是在这样的环境下,通过老师、同学和家长不断的鼓励引导,提高了自主学习能力,整体有了很大的提升。其实,每个孩子都是一朵含苞待放的鲜花,只有用心浇灌培育,总会绽放光彩!

(陈　晨)

绿杨烟外晓寒轻

——面对青春期叛逆行为怎么办?

案例:

女生小李刚入校时,是一个积极向上爱美的学生,性格活泼,热爱文体活动,尤其喜欢唱歌,是老师赞赏同学喜爱家长骄傲的好孩子。可是到了六年级她变了:学习成绩下降,经常和同学或老师发生冲突、顶撞,对同学有排斥的表现,对老师有抵触情绪,更不屑于家长的教育。

小李是家中的独生女,家境优越,爸爸妈妈平常工作较忙,主要和爷爷奶奶生活中在一起。

分析:

小李同学出现的叛逆行为是进入青春期的一种信号。六年级的学生大多十一二岁,这个时期的他们追求个性自由,主张自我发展。当自己的意见和观点和同学或老师不统一的时候,会认为自己是完全正确的。

分析其原因主要有三个:

一是家庭教育方式不当。小李的爸爸长期忙于自己的生意,经常出差、应酬,很少回家。当孩子表现好的时候会进行物质奖励,当表现不好的时候就会进行非常严厉的苛责,甚至是动手。小李的妈妈较为溺爱孩子,当孩子出现错误的时候总认为只是孩子年龄小还不懂事,只要她长大了就会好的。老师家访时,谈到孩子目前的问题需要重视时,小李的妈妈就为孩子辩解,袒护孩子。在孩子的教育问题上,夫妻俩人的教育方式不协调,和学校教育也常常不能同向而行。

二是可能有个别老师忽略了六年级学生正处于青春期、叛逆期,当学生犯错误时,忽视了学生的生理和心理特点,只是一味地批评教育,导致学生内心受挫,从而形成逆反心理。

三是青少年特有的半幼稚半成熟的特点。这一阶段的孩子对于未来的生活充满了无限幻想和憧憬,对以后的生活和学习抱有美好的愿望,但是又很留恋自己的童年时光,一边盼望着长大,一边又渴望自己永远是个孩子。

策略:

基于以上分析,我决定利用人性向美的本性,用美好的情感感染孩子的心灵。苏联教育家赞科夫认为:“审美发展和道德发展是密切联系的。对于美的欣赏可以使人变得高尚起来。美能唤起人的善良感情,如同情心、忠诚、爱、温柔等。感情会在人的行为中成为一种积极作用的力量。”这样有了理论支撑,我就更有信心了。

寓教于乐,引发共情

女孩喜欢唱歌,在音乐课上老师经常让她领唱和带其他同学唱歌。正好我们学校每年都有合唱比赛,由此,我实施了第一步计划——组织成立班级的合唱队。她在大家的齐力推举下欣然加入。在课下或音乐课上我通常都亲自陪伴,同他们一起筛选合唱曲目,研究合唱办法,并请音乐老师帮助指导。当有同学跑调或有同学注意力不集中,跟不上指挥节奏时,音乐老师和我就会当场提出批评指正,这其中也包含女孩。为了练出成效,女孩每次都会默默地接受老师的建议并且立刻改正。

这个过程我的指导思想是投其所好、寓教育于音乐中。这一过程的教育方式不是抽象的、枯燥的,而是生动的、形象的,并伴随着审美愉悦进行的。没有知识的灌输、道德的说教和冷冰冰的指令,不是从外面强加于人,而是像和煦的春风一样吹拂着,让人自觉自愿的在音乐中接受教育。

潜移默化,因势利导

我的计划是让小李在集体中改变自己。身为班主任,要善于发现并挖掘学生身上的闪光点,强化巩固教育效果。校合唱比赛活动中,我们班合唱队取得了年级第一的好成绩。由于小李的出色表现,大家一致推荐她为合唱队队长,也被校合唱队选中。我在班会上热情地表扬她,在同学们热烈的掌声中和老师赞许的话语中,她感到集体的温暖和自己的价值。老师的充分信任,加上同学们由衷的支持，让小李在潜移默化中受到了心灵上的感染，态度相比较之前发生了重大转变。课上不再有与老师敌对的情绪，课下能和同学们积极交流唱歌技巧及学习上的问题，倾听同学们给出的正确意见建议；回到家后和父母对话能够更加心平气和，不再像以前一样“话不投机半句多”，也会主动将在学校发生的事与家人分享，逐渐形成了良好的亲子关系。

这个过程我的指导思想是让小李于不知不觉中受到教育。无论是我让小李担任合唱队队长还是小李被选拔为校合唱队队员，都是春风化雨的作用。润教育于无声之中，也就是内在的道理还没有用明确的语言表达的时候，外物的形与神已在小李的头脑里产生了化学反应。小李后来的改变也就自然而然了，正所谓“桃李不言，下自成蹊”。

持之以恒，巩固发展

让小李向美而生。像小李同学这样的情况，并不是一次、两次的教育活动就可以彻底解决的，要定期、反复抓，及时关注、谈话。这以后我又特意做了两个活动：一是我让所有家长都认真地给自己孩子写封信交给我，我利用班会课时间让孩子当堂朗读书信。当听到其他同学家长的心声，听到自己父母的希望时，小李和其他孩子一样深情地表达了对自己以前行为的自责。二是我将女孩的名单列入学校期中总结表彰的“突出进步”之列，当小李登上主席台领奖时，女孩喜悦的表情透着庄重。那一刻，我知道我已经成功地让一位迷途的羔羊找到了方向。

这个过程我的指导思想是让其体会“父母恩情之美”和感到“进步之美”。“进步之美”让她真切感受到努力后取得成绩的价值和尊严；“父母恩情之美”是通过集体感恩活动，让她体会父母是那么的爱她，那么的不容易，让这人世间最美的情感在小李的心理内化生根发芽。

绿杨烟外晓寒轻，红杏枝头春意闹。现在小李的逆反心理已逐渐消除，和同学、老师的紧张关系变得和谐，和家长的关系也得到很大改观。最大的转变是小李同学犯错后能够积极主动地承认自己的错误，不像之前一样不以为然。上课听课也比之前认真多了，遇到自己会的问题还会积极举手。老师、同学、家长都欣然地看到先前那个“积极向上爱美”的学生又回到了我们中间。

（陈　晨）

从“临渊羡鱼”到“动手织网”

——当学生逃避劳动时，我们该怎么办？

案例：

婷婷的座位周边地面总有纸屑或垃圾。当班主任用眼神询问她时，她会悄悄地用脚把垃圾拨到别人的地盘，同学当然不认可，于是，一场“垃圾是谁扔的？”辩论大会拉开帷幕。

婷婷，一个四年级的女生，乱乱的书包，乱乱的桌斗，座位周边永远有扫不净的纸屑。轮到她当值日生时，她总是找各种理由请假逃避。其他同学刚把教室打扫干净，可是一不留神，婷婷的座位边又是一堆垃圾。为此，班级一日常规经常被扣分，与“美丽班级”荣誉称号失之交臂。

分析：

《关于全面加强新时代大中小学劳动教育的意见》提出，对小学中高年级要注重围绕卫生、劳动习惯养成，让学生做好个人清洁卫生，主动分担家务，适当参加校内外公益劳动，学会与他人合作劳动，体会到劳动光荣。

当老师看向婷婷时，她也意识到自己座位边很脏，还下意识把纸屑拨到别人的座位去，却不愿弯下腰打扫地上的垃圾。找她谈话，从她的言语中能感觉到她掌握了一定的劳动技能，也知道劳动的重要性，但为什么她还会随手乱扔纸屑？她的书包、桌斗为什么还是乱糟糟的呢？这是因为在她的意识里认为，劳动并不是非她不可。

正因为她不去劳动，少了与人合作劳动的机会，她也不懂得去珍惜他人的劳动成果。当别人把教室打扫好，她又把纸屑扔在地上，导致班级一日常规被扣分，班级拿不到“美丽班级”称号时，其他同学对她就有所抱怨，或直接向老师告状，老师又会找她谈话或者批评教育她。如此循环往复，她对劳动从可做可不做到产生厌恶情绪，又怎么可能养成良好的劳动习惯呢？

因为她的个人卫生没弄好，经常不积极主动参与班级劳动，也不懂得珍惜别人的劳动成果，班级大多数同学不愿跟她做同桌。

另外，婷婷在家是独生子女，从小娇生惯养。她的爷爷奶奶很年轻，五十岁左右，家里生活条件较为优越。爸爸妈妈几乎不让她参与家务劳动，认为她的主要任务是学习。家务活，家里有这么多大人做，她不来捣乱就好了。久而久之，她自己力所能及的自我服务性劳动也懒得干了。

面对像婷婷这样的学生，作为班主任的我们如何引导他们养成卫生、劳动习惯，主动分担家务，学会与他人合作劳动呢？

策略：

苏霍姆林斯基曾说过：“爱劳动首先是孩子情感生活的范畴。劳动的快乐是强大的教育力量，这种力量能使孩子认识到自己是集体的一员。”对婷婷这样的学生进行劳动教育，首先要让她对劳动产生热爱，让她在与同伴合作劳动中获得快乐，树立集体意识，才能养成劳动习惯，改掉逃避劳动的恶习。

真诚沟通，端正认识

1. 个别谈话，端正劳动态度，形成参加劳动的认同感。办公室里，一场对话开始了，老师：“干净、整洁的教室，谁创造的？”婷婷：“值日生。”老师：“失去‘美丽班级’事小，但……”婷婷：“我也是这个班级的一分子，我应该为集体出一份力。”婷婷：“老师，我也不是故意往地下扔纸屑的。”老师：“我知道这不是你所愿看到的结果，但面对这些垃圾，我们可以怎么做才能使它们不往地上跑呢？”

没有完美的小孩，孩子难免会犯错，但当孩子犯错后，班主任不要一味指责她，而是要肯定她的诚实行为，帮她分析错误原因，寻找解决问题的答案。

孩子比成人更希望得到他人认可。针对这一心理特点，在平时的劳动中，当学生稍有进步，我就会在班级同学面前夸奖他。如案例中的婷婷在我的启发下，她在自己的书桌边挂上了一个垃圾袋。她这一做法既受到了我的表扬，也获得了班级同学的认可并纷纷效仿。她小小的“虚荣心”得到满足的同时也不再排斥劳动了。

个别谈话要与表扬、鼓励相结合，收效更佳。

2.通过“狄德罗效应”，让劳动意识悄然形成。俗话说，好孩子是夸出来的。一个热爱劳动的学生也是需要老师夸奖的，夸奖的话要因人而异。针对爱美的婷婷，我每天都会变着法地夸她。“婷婷今天穿的衣服真漂亮，你的头发梳得很好看”。“哇！这个书包跟你这身装扮很般配，但你朝这儿一坐，总觉得缺了点什么。”这时，她会下意识地找与自己通身气度不和谐的事物，就会发现座位边的纸屑或乱乱的书桌影响了她的美丽。时间一久，每当我夸她漂亮、好看时，她都会去关注她周边的环境是否与她今天的穿着相配套。渐渐地，她每次走进教室坐到座位上之前都会将自己的课桌、书包整理一下。婷婷的劳动意识正是在这样的情况下悄然而至的。

3.日常活动中让学生体会劳动幸福感。当教室被学生打扫干净后，引导值日生对比打扫前后的教室的不同，告诉他们，当同学们走进干净整洁的教室，心情也会愉悦的，而他们拥有的好心情得益于你们的辛勤劳动。这时的值日生脸上会洋溢着幸福的微笑。

总之，学生每次劳动之后，老师都要把劳动的道理透彻地说给他们听，让他们从劳动中真实地体验到幸福，也要让其他学生真正感受到别人的劳动价值。

主题班会，树立观念

树立正确的劳动观念是学生养成劳动习惯的重要因素。主题班会课便为实现这一目标提供了很好的平台。

(一)特色主题班会

1.针对班级出现的劳动问题，制定劳动教育的主题。针对像婷婷这样逃避劳动的学生，我结合不同时期学生的年龄特征设计了“勤劳”为主题的班会，如二年级的主题班会是《我有一双勤劳的双手》；三年级的主题班会是《整洁的教室源于我们的勤劳》。到了四年级后，我的劳动教育主题班会以辩论赛的形式召开，如“新时代少年要不要勤劳”“新时代少先队员在学习之余要不要劳动”。在学生的辩论中将勤劳的观念植根于学生的思想中，在潜移默化中让学生学习与人合作劳动，主动分担家务劳动，改掉逃避劳动的坏习惯。

（二）特色教育活动

（1）开展“劳动分享会”。鼓励学生分享自己在劳动中的精彩瞬间、劳动体会和劳动收获等，让同学们在欢声笑语中感受劳动带来的幸福，体会劳动光荣。

（2）抓典型，树榜样。及时捕捉一些学生爱劳动的场景、事迹，在每周一次的班会课上进行“劳动小达人”“优秀值日生”等评选。或将他们的劳动场面和成就制作成美篇，发到班级微信群，由家长和学生共同参与选举出每周的“劳动之星”。

（3）根据学校地域特点和特殊日子，有计划地组织学生参加各种各样的劳动。如植树节，在劳动之前，让学生讨论劳动时要准备什么；劳动中会出现哪些问题，用什么方法避免这些问题的出现；劳动后要反思、总结，评选最佳劳动者等，让每一次劳动都成为对学生进行劳动教育的契机。

这一系列的活动将学生的劳动积极性大大调动起来。劳动让学生体会到了艰辛的快乐，学会坚强，学会珍惜他人劳动成果，树立集体意识和正确的劳动观念。

家校合力，共话成长

一个小学生一天在校的时间满打满算也不会超过八小时，这个时间基本被课堂教学、体育活动占满，学校能给他们创造劳动的机会也是少之又少。他们大多数时间都是生活在家里，由父母照料。因此培养小学生的劳动习惯，帮助学生改掉逃避劳动的恶习，与家长沟通，争取家长为孩子搭建劳动平台，创造劳动机会是很重要的。

1. 利用班级微信群、家长会、家访，向家长们宣传劳动教育的重要性。

2. 将班级开展的有关劳动活动或学生参与的劳动场面的图片发到班级微信群，让家长看到孩子的成长，引发家长们的讨论。家长们感受到孩子在学习之余参加的各项劳动并没有影响学习，还培养了自理能力、独立能力和创新能力，更重要的是在劳动中学会与同学融洽相处，学会关心家人。家长们就主动为孩子搭建劳动平台，给孩子创作劳动机会，帮助孩子养成劳动习惯。

3. 建议家长让孩子在家完成自我服务劳动和分担家务劳动。当家长与孩子一起做家务时，不要埋头苦干，要将劳动知识贯穿其中，既能满足学生的求知欲，又使得家务劳动不枯燥乏味。

例如婷婷，她的爸妈是开烧烤店的，为了让孩子爱上劳动，每天变着花样让孩子参与家务劳动。爸爸炒菜时，会让婷婷帮忙买一瓶酱油或一袋盐。妈妈见店里客人多时，会请婷婷帮忙收钱或收拾餐桌。双休日，妈妈会和孩子一起整理房间，打扫厨房。他们让婷婷洗袜子，会告诉她肥皂的种类，袜子的面料，与孩子一起查找什么样的布料用什么样的方法清洗等；择菜时告诉她这些菜具有哪些营养价值……每次家务劳动后不是以金钱作为给孩子的奖赏，而是拍个美照发到朋友圈与大家一起分享劳动的快乐。每次劳动过后，婷婷看着用自己的劳动而让房间、厨房发生了变化或获得他人的表扬，内心产生了极大的满足与幸福。

需要注意的是，家长在给孩子创造劳动机会时要把握好“度”，以孩子养成良好的劳动习惯，改掉逃避劳动的习惯为目的，不要让孩子因参加过度的劳动而对劳动失去兴趣，产生厌恶情绪。

我们要让学生从劳动中汲取快乐，改掉逃避劳动的坏习惯，对劳动产生发自内心的喜爱之情。

（马翠霞）

品味劳动　享受快乐

——当学生不会劳动，怎么办？

案例：

小宇是一个胖胖的、憨憨的男生。每次班级组织劳动实践课或轮到他当值日生，同学都不愿和他一组，原因是：让他扫地，他东扫一下，西扫--下，结果没把自己分的卫生区扫干净，还把别人的卫生区弄脏了；在种植园里，他不是弄断菜苗就是踩坏别人翻好的地。你若问他在家可做家务活，他会说：“我想帮妈妈干活，可妈妈总让我写作业、弹琴，不让我干活。”班主任跟孩子的父母交流得知，家长嫌孩子小，怕他不是帮自己做家务而是在捣乱。家长在家既没有交给他劳动的技能，也没有给过他劳动的机会。

分析：

在小学低段学生中，类似小宇这种情况占多数，他们并不是不爱劳动，而是缺少参与劳动的机会，即使偶尔有几次获得劳动实践的机会，但因为没有掌握劳动技能造成自己的劳动成果不能获得他人的表扬或认可。时间一长，他们便失去了参加劳动的兴趣。造成这种现象的根本原因有：

首先，对孩子的劳动技能教育，家长重视不够。现在的家长绝大多数是80后和90后，且多数都是独生子女，所以都非常重视孩子的智力教育和能力特长的发展，忽视孩子的劳动技能教育；即使家长们让孩子干些家务活，也不注重家务劳动的技能传授。

其次，“学而优则仕”的观念影响着家长们的教育观念。家长们为了让孩子有时间学习，把本该由孩子自己完成的自我服务性劳动也大包大揽下来，甚至还有个别家长当孩子表现不好时便用劳动来惩罚孩子。

再次，家庭的劳动教育流于形式，未落在实处。国家很重视学生的劳动教育，学校也为学生创设多种参与劳动的机会，家长也重视孩子的劳动，但总因为学生拖拉导致完不成作业，学校考试压力大等，最终学生回家做家务的时间大大缩水了。

《关于加强中小学劳动教育的意见》："开展校内劳动。要在学校日常运行中渗透劳动教育，积极组织学生参与校园卫生保洁和绿化美化，普及校园种植。组织校外劳动。要将校外劳动纳入学校的教育工作计划，小学、初中、高中每个学段都要安排一定时间的农业生产、工业体验、商业和服务业实习等劳动实践。鼓励家务劳动，教育学生自己事情自己做，家里事情帮着做，弘扬优良家风，参与孝亲、敬老、爱幼等方面的劳动。"针对小宇这样的学生，首先要教给他劳动的技能，再通过形式多样的劳动活动巩固其技能，让其体验劳动带来的快乐，最后要学校、家庭形成教育合力，让劳动教育落地，让学生在劳动中认识周围的世界。

策略：

怎样才能让那些劳动不得法或没有掌握相应的劳动技能的学生也能融入集体劳动中，体验劳动带来的快乐呢？

日常活动，训练技能

1. 个别谈话，了解学生不劳动的原因，为学生量身定制劳动计划。

2. 日常劳动中，俯下身子，与学生一起干，并适时交给学生劳动的技能。

3. 为了打消学生"我不是不爱劳动，而是没有时间劳动"这个顾虑，我也会将家务劳动布置到作业中。现在，学校增设的课后服务，多数学生在校基本上已经完成了文化类的作业，课后的劳动实践类的作业，能够很好地丰富学生的业余生活。

主题班会，体验快乐

1. 依据学生年龄特点，制订劳动教育班会的主题。如二年级，劳动教育的主题是《如何做爸妈的小助手》；三年级，劳动教育的主题是《我向爸妈学本领》。到了四年级，我会带领学生认识一些蔬菜、花草，介绍如何种植它们的一系列科普知识与劳动技能等，在循序渐进中将爱劳动的观念植根于学生的思想中。

2. 结合特殊日子开展有针对性地主题班会。利用每年的母亲节、五一劳动节、重阳节等节日，组织学生动手制作一些礼物，或为父母打扫房间、做一碗爱心面等，表达对父母、对长辈、对劳动者的敬爱之情。

3. 对学生除了思想教育外，还要及时回头看。如大扫除中，我会捕捉那些干得认真、互助互劳的人或事，用照片记录下来，在晨会上进行表扬或在学校的每周升旗仪式中进行表扬；每月进行一次“劳动小达人”“优秀值日生”等评选，让学生从身边的劳动榜样中汲取力量，鼓励更多的孩子加入爱劳动行列中来。让学生良好的劳动习惯在这些活动中得以养成。

4. 开展主题研讨活动，如“我给妈妈送快乐”“我有一双勤劳的小手”“我向家长学本领”等，并邀请家长们参与到这些活动中来。活动中，家长们听着自己的孩子讲他们学炒菜、做饭的趣事，感受到劳动让自己的孩子快乐。通过这些活动，让学生将学到的劳动技能得以巩固，又在劳动中或与同伴的合作劳动中获得别人的赞赏，体验到劳动带来的快乐。

沟通家长，达成共识

1. 在家访中与家长达成共识：在“以孩子的协调发展”的基础上重视孩子的劳动技能教育，与家长一起制定培养计划。如每天至少让孩子参与家务劳动不少于20分钟，每次布置给孩子的家务劳动不宜过长，分配给孩子的家务劳动应由易到难等。孩子每次劳动前，家长先教给他劳动的技能，在孩子劳动的过程中及时拍照留下他成长的痕迹，孩子劳动结束后要有针对性的表扬，而不是泛泛而谈。

2. 利用家长会，与家长一起学习古今中外名人的优良家风，或开展忆苦思甜活动，挖掘那些具有辛勤劳动、艰苦朴素的优良家风，将这些优良家风让孩子传承下去的重要性。

多彩活动，人人参与

利用“并喻文化”即发挥集体的影响力、同学间相互学习，开展形式多样的活动，促进学生全面发展。我们学校地处城乡接合部，毗邻周谷堆批发市场，这便为我们班的劳动实践活动创造了条件。如四年级时，我组织学生去周谷堆市场义务大扫除，带领孩子去宝翠园农贸市场认识蔬菜等。学校周边的农田虽被征收了，但还有人来开荒并根据不同季节种上了蔬菜。我便与种菜的大爷商量好,他每次来干活时,我便带上几个学生向他学习种菜知识。在种菜之前,我会带领全班学生去查找所种的菜的知识。如春天,种植西红柿时,我们通过查找资料了解到西红柿又叫番茄,它是一年生或多年生草本植物。在种植中,通过大爷的介绍,我们知道当西红柿长到半大时,要把它的头剪去,避免它长得太高;还要剪去公枝,防止它光长秧子不结果。另外,还要在它旁边插个粗又长的小棍子,把它绑在棍子上,防止果实太重把它压弯,最后导致果实烂了。当西红柿收获后,我带着学生边收获果实,边聊挑选它的方法及它的营养价值。星期六,再利用班级微信群,我班开展一次"厨艺大比拼"活动,学生们将自己利用西红柿做的菜晒到班级微信群里,再由家长组成的评委团评出最佳厨师,并由班主任利用班会课给获奖学生颁奖。这一系列的活动极大地调动了学生参与劳动的积极性。

2019 年,我们学校的新教学楼也投入了使用,我们班分到了一大块绿化区。为了维护我们班的绿化区,我经常带领班级学生利用周五下午放学时间进入绿化区进行除草活动。在除草的过程中,我带领孩子们认识绿化区中的植物及杂草。为了让校园里其他同学也能叫出这些植物的名字,学生们设计名牌并给植物们挂上名牌。在这一次次的劳动实践中,学生们学到了知识,体验到了劳动的快乐,懂得了劳动的辛苦,也养成了爱劳动的习惯,更懂得珍惜他人的劳动成果。

小学生的成长中劳动起着非常重要的作用。他们只有亲历劳动实践并获得成功体验,才会学会为人处世,学会生活。

（马翠霞）

因材施“惩”
——学生课间打架，怎么办？

案例：

刚下课一分钟不到，巡视值班的老师就拉着小鑫来到我跟前，说他巡视时看见小鑫在操场上把一个人高马大的男孩掐着脖子摁倒地上打，让我好好管管。

十岁的小鑫，性格倔强、固执，处理事情时情绪化，易冲动，缺乏自制力，经常和同学因为一点小矛盾就大打出手。每次打架，他都把责任归于他人，认为自己还手是正当防卫；对于老师的说教，他充耳不闻。面对这样的学生，作为班主任的我们该如何教育？

分析：

《中小学教育惩戒规则(试行)》第七条指出，学生有实施有害自己或者他人身心健康的危险行为时，学校及其教师应当予以制止并进行批评教育，确有必要的，可以实施教育惩戒。小学阶段是小学生良好行为习惯养成的关键期，如果他们所表现出来的错误行为、违规行为，老师不加以制止，就会在他们的潜意识里认为他们的错误行为和违规行为是正确的，久而久之会养成坏习惯。

小鑫同学经常因为一点小事就跟人打架，从表面看是因为他与人相处或处理事情时情绪化，易冲动，缺乏自制力。但是进一步分析会发现，每次打架，他都把责任归于他人。在小鑫的潜意识里，他不认为打架是错误的，他缺乏规则意识，他的是非观是由他的情绪控制的。

深入了解后得知，小鑫的攻击性与其父母的教育方式有关：当孩子犯错时，家长没有及时与孩子沟通，没有将道理讲给孩子听，更没有培养孩子判断是非的能力，而是用简单粗暴的方式解决问题。他为了宣泄自己的不满，又以暴力的形式转嫁到其他孩子身上。

另外，小学生具有较强的模仿性，当同伴的错误行为没有得到相应的惩戒，其他学生就会有样学样，最终会导致错误行为在更大范围内蔓延。所以，像小鑫同学这种情况就需要惩戒的介入来影响他们的意识，规范、调整不当行为，帮助他们形成正确的是非观。只有这样，班级里其他学生才不会效仿，班级才会形成良好的学习环境，学生才能拥有一个健康的成长环境。

策略：

怎么才能让小鑫不再打架闹事？回归集体，健康、快乐地成长。单单靠说教收效甚微，一味地惩罚只会适得其反。针对小鑫这样的学生，我们首先应在取得孩子对错误认同的基础上，了解孩子背后所折射出的问题，再针对问题通过家访、主题班会、制订契约等教育形式各个击破，最终达到教育的目的。

追根穷源定契约

1. 角色扮演，教会孩子换位思考。班级定期开展小法院活动，邀请小鑫当一两次小法官，处理同学之间的矛盾纠纷，进而让他认识到自己的问题。

2. 通过家访、学生访谈等形式，和孩子深入交谈，了解问题的根源。如小鑫的攻击性是跟他爸妈的教育方法有关……

3. 十岁的儿童可爱、活力，他们更需要获得别人的关心。我根据这阶段孩子的特点，进行个别谈话，了解孩子的内心需求，最后为他量身定制一套教育的方案。

4. 与他制定一份行为约束与控制契约：只要你在一星期内，当别人言语攻击你或碰撞了你，你能控制住自己的情绪且不与人打架，我就当着全班同学的面表扬你，还给你发奖品。当他这一目标达成后，我又提新的稍高的要求：两星期里，当别人碰撞到你或与你起争执时，你能做到不还手，我将实现你一个愿望，当然这个愿望必须是合理的、能实现的。当他与别人发生矛盾时，我和他一起分析原因，找到解决的方式，再慢慢放手让他自己去处理事情。同样的错误，有两次改正的机会，超过两次，是要接受惩罚的，这是帮他树立规则意识（惩罚的度也要在契约中体现）。

周末家访话教育

家访前的准备：

1. 班级心理建设，打消学生家访恐惧症。我会对全班同学说：“谁表现好或进步的，老师将去他家家访，在他的爸妈跟前表扬他。”

2. 利用家长接送学生时间，与家长们交流，进而从侧面了解班级学生的情况，包括小鑫同学的家庭情况和他上小学之前的状况，为后面的家访做准备。

家访相关内容：

小鑫妈妈：老师，小鑫最近又跟同学打架了。他上幼儿园时就经常跟小孩打架……

老师：小鑫妈妈，您好。小鑫最近在班级表现很好，虽然偶尔还会出现打架现象，但他现在打架次数已经大大减少了，他也在学习如何控制自己，尽量做到不跟同学打架。我们要用进步的眼光看孩子，这次我来家访，是因为他进步啦……

在此次家访中我建议他父母尽量做到每天挤出两个小时陪孩子聊天(聊天的内容不固定，可以是他今天学到了什么新知识，或他最难忘的事，或班级发生了什么趣事等，但要注意说话的艺术)，当孩子犯错误时，指出错在哪里，要承担怎样的后果。

家访后的反思：

改变家长对孩子的教育方式，光靠一次家访是不够的。在平时的接送孩子过程中，我也会以一位家长的身份与他的爸妈一起探讨教育孩子的方法，也会适时地推荐一些有关教育孩子的书，如《妈妈这样定规矩，孩子最有自控力》《不教的教育》。

主题班会强行为

为了增进小鑫与他爸妈之间的情感，我在班会课上请他的妈妈或爸爸作为特邀嘉宾出席，一起见证孩子的成长。如三年级时，我利用六一开了一个《十岁成长礼》的主题班会，并邀请小鑫的妈妈讲述她在孕育小鑫时的心路历程。当妈妈出现在教室时，小鑫激动不已；当妈妈告诉他，他在自己肚中时，她是非常开心的，即使因为孕吐，因为外公的过世，身体虚弱得只能在床上躺着，她也不愿放弃他，小鑫泪流满面……这次班会课后,我又找小鑫谈话。从谈话中,可以了解到孩子懂得了父母对他的爱,想做一个父母眼中的遵守纪律、不打架闹事的好孩子。但他又担心自己太冲动,怕控制不住,做不好,我又适时与他制定新的契约,并让他以写日记的形式记录下事情的经过和执行契约的体会。

对于像小鑫这样情绪波动很大的孩子,还要教给他们管理自己情绪的方法,为此我设计了主题班会《丰富多彩的情绪天空》,让学生认识自己的情绪,情绪产生的原因以及如何调控自己的情绪,并结合他们的生活实例去运用这些方法。当他们再次因为冲动违反班规,打扰到其他同学时,我会严厉地批评他们或小惩大诫,让他们亲身感受负面情绪对自己身心健康的危害,进而教他们运用学到的调控情绪的方法去调整好情绪,再去处理问题。反复多次,他们便发现冲动是违规的催化剂,他们也在尝试通过控制自己的情绪减少自己犯错误的概率。当然,我也会用眼神或手势提醒他们。

主题班会是面向全体学生的,所以要将主题班会与个别教育相融合,班会课过后,找到小鑫个别谈心,收到的教育效果会更大。

巧借集体促成长

一个经常犯错误的孩子,敏感而脆弱,更想得到老师和同学的理解,更希望得到老师和同学的鼓励、支持。所以,在平时的工作中,我还从以下几方面对小鑫进行赏识教育:

1. 以强项淡化弱项,让同学悦纳他。根据小鑫的能力、特长、性格特点等,抓住他的点滴进步,千方百计为他提供与同学和平相处的舞台,让其享受与同学合作、愉快交往的喜悦的同时,让全班同学改变对他的看法,使其融入班集体的生活中,淡化他处事情绪化、易冲动的缺点,树立他的规则意识、是非观。

2. 以生之助,友情感化。对于小鑫这样的孩子,我不光自己放下架子亲近他,关爱他,还发动班级同学去关心他。我经常对学生说:"……出了班级大门,我们只有一个名字——四(1),四(1)班荣你荣,四(1)辱你辱,所以我们是一个集体。当同学犯错误时,我们要一起帮他改正,而不是独善其身或在一旁幸灾乐祸。一只手伸出,五根手指还有长短,何况我们班45个人,又怎么可能完全相同呢?我们要用发现的眼光去看待我们这个集体中的每个成员,比如……"让小鑫在集体这个大家庭中感受到周边同学对他的善意，对他的赞赏，进而融入班集体中去。另一方面，我让他在感受到同学们对他的爱的同时，让他知道与同学相处不能随心所欲，要遵守一定的规则，一旦违反规则就要承担责任。只有做个守规则的人，别人才乐意与你交往，才能享受到真正的快乐。

小学生是行为习惯养成的关键期，中高年级段的学生已经对错误行为有一定的判断能力，但受他们自身还没有形成自律意识、自制力较差、做事易冲动、情绪化等因素的影响，他们犯错误也是常有的事。当学生屡次犯同样的错误时，适度的教育惩戒，能够帮助学生认清错误行为带来的后果，改正错误，学会承担不良行为带来的责任。当然，我们不能孤立地、机械地使用教育惩戒，要将它与其他教育方法相结合，才会起到事半功倍的作用。

（马翠霞）